思索
사색은 나라를 생각하고[思], 나를 찾자[索] 라는 뜻이다.

믿음의 힘

김홍호 사상 전집·기독교 설교집 4

믿음의 힘

김홍호

사색

머 리 말

댐이 있어도 우물을 파도 비가 안 오면 쓸데가 없다. 비가 오고 볼 판이다. 비가 오자 메말랐던 산천초목이 춤을 춘다. 진짜 해갈은 댐도 아니고 우물도 아니라 비다. 비 없이는 완전한 해갈은 있을 수 없다.

내 힘이 좌절되고, 내 소망이 끊어지고, 내가 없어지고 아버지의 뜻이 이루어지는 것이 믿음이다. 우리는 기다리던 비가 오듯이 바라던 것이 실현될 때 믿음이라고 한다. 비가 와서 우물에 샘이 터지고, 둑에 물이 넘치고, 산천초목이 춤을 추듯이, 지금까지 보이지도 않던 곳에 물이 흐르고, 폭포가 달리고, 샘이 틀 때 그것을 믿음이라고 한다.

믿음은 바라던 것의 실상이요, 보지 못하는 것의 증거다. 비가 오고 샘이 터지듯, 은혜의 비가 오고, 기쁨의 샘이 터져 나올 때, 그것이 믿음이다. 믿음은 기다리고 바라는 것이지 믿음이 오게 할 수는 없다.

비가 오기까지 사람이 할 수 있는 것은 과학을 가지고 둑을 막고, 철학을 가지고 우물을 파는 것이다. 비가 오기까지 할 수 있는 일은 그것뿐이다. 둑도 없이, 우물도 없이 비만 기다림은 너무도 태만하다. 둑을 쌓고, 우물을 파고, 비를 기다려야 한다.

둑을 쌓고, 우물을 팠다고 비가 오는 것은 아니다. 둑을 쌓고 우물을 파도 인간은 절망에 빠질 수 있다. 그러나 절망 속에서 들려오는 것이 있다. 그것이 빗소리다.

절망은 죽음에 이르는 병이면서 죽음에 이르는 병은 아니다. 둑을 쌓고, 우물을 판 덕으로 우리는 우리의 벼를 최대한 지탱해갈 수가 있다. 물론 그것이 절대는 아니다. 그래도 둑이 마르고 우물이 말라 실농이 될 때도 있지만 우리는 우리의 최선을 다하고 비를 기다려야 한다. 비가 안 와도 우리의 할 일을 다하고 비를 기다려야 한다. 과학, 철학이 절대는 아니지만 과학, 철학의 최대한의 발전이 우리의 의무다. 그리고 비를 기다리는 것이다. 그것이 종교의 세계요 완전의 세계다.

비가 흔할 때에는 과학과 철학 없이도 살 수가 있지만 가물 때는 과학과 철학이 상당한 힘을 낼 수가 있다. 물론 전부는 아니다. 거기에 과학, 철학의 한계가 있다. 살리시는 이는 비요 은혜요 종교다. 가뭄이 짧을 때는 과학으로도 구원이 되고, 철학으로도 구원이 되지만 가뭄이 길면 종교가 있어야 한다.

인간의 어려움은 율법으로나 행함으로도 극복이 되나 어려움이 심하면 종교를 가져야 한다. 믿음만이 죽음까지도 이길 수 있는 힘을 가진다. 비다. 믿음이다. 믿음뿐이다.

1983년 5월 20일

김홍호

차 례

머리말   4

제1부 1980년 설교

직관   12
고전 13:8~13

사랑   29
고전 13:1~7

병아리   45
고후 5:14~17

제2부 1982년 설교

하나님의 이름   60
요한 1:18

예수의 이름   74
사행 4:8~12

성령의 이름   88
요한 14:15~18

주체적 진리   103
요한 17:17

등불 누가 11:33~36	116
나무 누가 12:35~48	131
안식일 누가 13:10~21	143
좁은 문 누가 13:22~35	157

제3부 1983년 설교

동생 누가 14:12~14	170
진실 누가 14:25~33	186
소금 누가 14:34~35	200
믿음의 힘 누가 17:1~19	210
학생, 인생, 영생 요한 1:1~5	224

일러두기

1. 이 책은 『하루를 사는 사람』(이화여자대학교 출판부, 1984)에서 1980년, 1982년, 1983년 설교들과 『진리로 자유롭게 하리니』(이화여자대학교 출판부, 1983)에 실렸던 설교 〈하나님의 이름〉, 〈예수의 이름〉, 〈성령의 이름〉, 〈주체적 진리〉를 모아 『믿음의 힘』이라는 새 제목으로 묶은 것이다.
2. 설교의 제목과 성경의 인용은 당시에 저자 자신이 정했던 것이다.
3. 맞춤법, 띄어쓰기, 외래어 표기는 현재 상용되는 〈한글 맞춤법 규정〉과 국립국어원의 『표준국어대사전』에 준하여 새로 교정을 보았다.
4. 이 책의 교정은 홍광순 선생, 김성호 선생이 맡아 주었다.

제 1 부
1980년 설교

하나님께서 저희들에게
어머니를 주신 것을 감사합니다.
그리스도를 주신 것을 감사합니다.
하나님 자신을 주신 것을 감사합니다.
우리가 하나님의 사랑 속에서
진정으로 감사하는 마음을 가지고
평생을 살 수 있다면 그것이 신앙입니다.
우리들이 어머니가 우리를 위해서 그렇게 고생한,
그 고생을 깊이 생각하면서
우리도 다시 성숙한 어른이 되어 가는 것,
그것이 신앙생활일 것입니다.

직 관
1980년 10월 2일

고린도전서 13:8~13
　지금은 내가 불완전하게 알 뿐이지만 그때에 가서는 하나님께서 나를 아시듯이 나도 완전하게 알게 될 것입니다.

　고린도전서 13장 8절에 보면, 사랑은 언제까지나 없어지지 아니한다는 말이 있습니다. 이것을 무한이라고 할 수 있겠습니다. 사랑은 언제까지나 없어지지 아니하고 계속 무한히 계속됩니다.
　그래서 무한이라 할 수 있는데 "예언도 폐하고, 방언도 그치고, 지식도 폐하리라"는 구절이 그다음에 나오고, 또 지금 내가 부분적으로 알고, 부분적으로 예언하고, 10절에는 "온전한 것이 올 때에는 부분적인 것이 폐하리라."

11절에는 "우리가 어렸을 때에는 말하는 것이 어린아이와 같고, 깨닫는 것이 어린아이와 같고, 생각하는 것이 어린아이와 같다가 장성한 사람이 되어서는 어린아이의 일을 버렸노라. 우리가 지금은 거울 속으로 들여다보는 것처럼 희미하지만 그때가 되면 얼굴과 얼굴을 대하여 볼 것이다." 희미하게 보였던 것이 실시로 얼굴과 얼굴에 대하여 볼 때에는 가장 확실하고 진실하고 충실하겠기에 그것을 나는 '실재'라고 이름을 붙였습니다.

12절에는 내가 지금 아는 것은 부분적으로 알지만 이제 그때가 되면 하나님이 나를 아시는 것처럼 온전하게 나도 알게 될 것이라고 합니다.

그리고 마지막 13절에 가면 "믿음과 소망과 사랑, 이 세 가지는 항상 있을 것인데 그중의 제일은 사랑이다"로 끝을 맺고 있습니다. 이와 같이 13절밖에 안 되는 짧은 한 장이니까 여러분도 따라 외우는 것이 좋으리라 생각합니다.

"내가 사람의 방언과 천사의 말을 할지라도 사랑이 없으면, ……" 이처럼 쭉 따라 외워서 12절까지 따라 외고, 때때로 생각해 보고, 또 생각해 보고, 그래서 마지막에 12절에 보면, 내가 지금은 하나님을 부분적으로 알지만 그때가 되면 하나님이 나를 아는 것처럼 온전하게 알게 된다고 하였는데 '온전'이라는 말이 상당히 많이 나옵니다. 온전, 실재, 무한, 세 마디로 압축시켜 생각해 볼 수 있을 것입니다.

그런데 가만히 보면 사랑에 관한 얘기를 한다고 하는데 계속 말하는 것을 주의 깊게 살펴보면 사랑에 관한 이야기는 별로 없고, 예언, 방언, 지식, 또 내가 부분적으로 알지만 그때는 온전히 알게 된다. 거울로 보는 것처럼 희미하나 그때 가면 또 확실히 알게 될 것이다. 지금은 어린애처럼 말하고, 어린애처럼 생각하고, 어린애처럼 깨닫지만, 그때가 되면 어른처럼 생각하고, 어른처럼 말하고, 어른처럼 깨달을 것이다. 그러고 보면 전부 안다는 이야기, 본다는 이야기, 깨닫는다는 이야기이지, 무슨 사랑에 대해서 이야기한 것 같지 않습니다.

그거 왜 그럴까. 그건 왜 그런가 하면, 내가 맨 처음에 말했던 것처럼 고린도 교회의 제일 큰 문제가 싸우는 문제였기 때문입니다. 그리고 또 하나 문제는 도덕적인 타락이 제일 문제가 되었습니다. 이 싸우는 문제를 해결하기 위해, 고린도전서 13장 '사랑 장章'이 나왔으며, 남녀의 문제를 해결하기 위해 결국은 고린도전서 15장 '부활의 문제'가 나왔다고 말할 수 있습니다.

그러니까 그 싸움한다고 하는 것을 쉽게 말해 보면, 사람과 사람이 딱 마주쳐 충돌하는 것입니다. 지금 손과 손이 충돌하고 있습니다. 딱 마주치고 있는 것입니다. 그런데 어떻게 하면 충돌하지 않나. 왜 충돌하나. 이러한 생각을 해보았더니 눈이 멀어서 충돌하는 것입니다.

만일 두 사람이 본다면 딱 충돌할 이유가 하나도 없습니다. 이리로 오면 난 저리로 가고, 저리로 오면 이리로 가고, 충돌할 이유가 하나도 없습니다. 그러니까 이 충돌한다고 하는 것은, 사실은 두 사람이 다 눈을 감아서 충돌하는 것이지, 눈을 뜨고 보면 충돌할 이유가 하나도 없는 것입니다.

그러므로 사랑이란 말은 바꾸어 말하면 눈을 떴다는 것입니다. 우리는 맹목적인 사랑이라고 하는 말을 사용하고 있는데 그 맹목적인 사랑이라는 것은 밤낮 싸우는 사랑을 말하는 것입니다. 정말 우리가 사랑을 하려면 눈을 뜨고 사랑해야지 눈을 감고는 사랑을 못합니다.

결국 온전한 사랑이라고 하는 말은 눈 뜬 사랑이라 할 수 있습니다. 눈을 떴느냐, 눈을 감았느냐. 내가 지금 부분적으로 알았다. 이젠 완전히 알게 되었다. 내가 지금 거울로 보는 것처럼 희미하다. 그때에 가서는 직접 보는 것처럼 본다. 이런 말이 우리 동양식으로 말하면 개안開眼이라는 말이 됩니다. 눈을 떴다. 남녀가 아무리 사랑한다고 그래도 눈을 뜨고 사랑을 해야지, 눈을 감고 사랑하면 밤낮 충돌만 하게 됩니다. 그리고 또 사랑한다고 하면서 죽이는 수도 종종 있습니다. 자기는 기껏 사랑하느라고 사랑했는데 결국은, 결과는 죽이고 말았다는 것입니다. 왜 그런 결과가 나왔느냐 하면 눈을 감고 사랑을 하고, 맹목적인 사랑을 하였기 때문입니다. 그러므로 사랑이라는 말과 눈 떴다는 말은 결국 같은 말이 되는 것입니다.

요전에 내가 태양이라는 말로 비유를 했는데 해가 뜨면 조그만 불들은 다 꺼야 된다. 지식도 폐하고, 예언도 폐하고, 다 폐해야 된다. 온전한 해가 뜰 때에는 부족한 불들은 다 꺼도 괜찮다는, 그런 말입니다.

사랑이라는 말이 결국은 해나 마찬가지이고, 해가 떴다는 말은 내용적으로 말하면 눈을 떴다는 것입니다. 그러면 사람의 눈은 무엇인가. 사람의 태양입니다. 하늘의 태양은 무엇인가. 하늘의 눈입니다. 그래서 결국은 눈이 눈 보는 것이고, 태양이 태양을 보는 것입니다. 그래서 이 눈을 뜬다고 하는 말이 그대로 사랑이라는 말의 내용이 되는 것입니다. 그래서 온전한 것이 온다든가, 본다든가 등의 말이 자꾸 나타나게 되는 것입니다.

그래서 우리가 눈을 떴다고 할 때 기독교에서는 계시라는 말을 많이 씁니다. 예수님께서도 하나님 외에는 아들을 아는 자가 없고, 아들과 계시를 받은 자 외에는 하나님을 본 사람이 없다고 하셨습니다. 계시를 받았다 하는 말은, 결국은 눈을 떴다는 것입니다.

요전에 사도 바울이 그리스도를 보았다고 하는 것도 결국 눈을 뜬 것입니다. 그래서 이 눈을 떴다는 말이 많이 사용되고 있습니다. 예수님께서 씨 뿌리는 것을 비유하며 말씀하시길 "어떤 것은 길바닥에 떨어지고, 어떤 것은 돌멩이 위에 떨어지고, 어떤 것은 가시덤불에 떨어지고, 어떤 것은 옥토에 떨어졌다. 너희는 보아도 보지 못하고, 들어도 듣지 못한다. 너희는 다 눈을 뜬 것 같은데 눈을 뜬 것이 아니다. 가죽이 조금 찢어진 것일 뿐, 눈을 뜬 것이 아니다. 넌 보아도 보지 못해, 들어도 듣지 못해." 그리고서 씨 뿌리는 비유를 말했습니다. 그 씨 뿌리는 비유에서 옥토에 떨어진 씨라고 하는 것은, 마음의 눈을 뜬 사람이 옥토의 씨입니다. 마음의 눈을 뜨고 봐야 보입니다.

그러니까 어린애들이 길거리를 가도 다른 것은 아무것도 안 보입니다. 장난감만 보이지, 다른 것을 보고 갈 때는 다 눈을 감고 가는 것입니다. 그런데 장난감 옆에 가면 마음의 눈이 뜨게 됩니다. 왜냐하면 그것을 가지고 싶기 때문입니다. 그러니까 다니면서 보아도 결국 자기의 마음에 든 것만 보게 되는 것이지 다른 것은 통 보이지 않게 됩니다.

예수님께서는 "눈은 있는 것 같으면서도 없는 것이다. 그러나 너희가 마음의 눈을 떴을 때는 온전히 볼 수 있다. 그전에는 온전히 볼 수가 없다"고 하셨습니다. 그래서 이 바울 선생도 결국 "사랑이라고 하는 것은 무엇인가. 눈을 뜨는 것이다. 온전히 눈을 뜨는 것이다"라는 말을 했습니다.

그다음에 "얼굴과 얼굴을 대하여 볼 것이요" 하는 것은 실재實在로서 보는 것이 확실하다는 말입니다. 그러니까 중세기의 모든 사람들은 이 완전完全이라는 사상, 실재實在라는 사상, 무한無限이라는 사상, 이 세 가지를 상당히 중요하게 생각했습니다. '실재'란 말은 우리말로 말하면 상당히 어렵습니다. 그런데 영어로 말할 때는 '리얼하다'는 말이 더 확실합니다.

그 말은 우리가 사진을 찍는다 할 때, 그 사람을 찍으면 그대로 사진이 나옵니다. 그렇게 사진을 찍은 것하고, 어떤 유명한 화가가 그 사람의 초상화를 그렸을 때 사진은 진짜고, 그림은 가짜지요. 왜냐하면 되는 대로 그렸으니까. 어떤 사람은 두 눈 가운데 하나는 그리지 않는 사람도 있습니다. 피카소 같은 사람이 그렇지요. 하나만 그리든, 반쪽만 그리든, 어떻게 그리든 상관없지만 그 유명한 화가가 그린 초상화와 사진을 비교해 보면 결국은, 사진은 죽은 거고, 그 그림은 살았다는 결론이 나옵니다. 그건 왜 살았나 하면 그 속에는 예술이 들어가 있기 때문입니다.

사진은 그대로 찍은 것이지 그 속에는 예술이 없습니다. 기계적으로 찍은 것입니다. 그러나 그림 속에는 예술이 들어가 있기 때문에 그 그림은 살았다는 것입니다. 설악산 같은 것도, 사진은 벽에 걸어 놓으면 싫증이 나지만, 좋은 설악산의 그림은 암만 봐도 싫증이 나지 않습니다. 왜? 살았으니까요. 그 살았다는 것이 실재라는 것입니다.

그런데 우리가 세상의 사람 가운데도 그런, 산 사람과, 다 갖추기는 갖추었는데 죽은 사람이 있습니다. 다 갖추었어도 사진처럼 죽기도 하고, 별로 갖추지 못하여 허술한 것 같아도 산 사람이 있습니다.

그러니까 우리가 서양의 소크라테스를 보면 허술하게 차리고 밤낮 맨발로 돌아다니는 것 같아도 그 사람은 살았습니다. 그래서 소크라테스가 독약을 마시고 죽을 때 이런 말을 했다고 합니다. "여러분이 나를 독약을 먹여 죽여서 땅 속에 파묻지만 사실은 나를 파묻는 것이 아니라 여러분을 파묻고 있는 것입니다"라고. 사실은 거기서도 살았다는 사람은 도리어 땅속에 들어가는 사람이고, 독약을 먹고 죽는 사람은 살았다는 것입니다. 그런 이상한 결과가 나타났습니다.

그러니까 그 어떤 영원한 것에, 소크라테스 같은 사람은 하나님에게 접한 사람이니까 그 영원한 손길에 가서 닿은 사람은 죽어도 죽지를 않는다는 것입니다. 이상하지 않습니까? 그래서 우리가 요한복음 11장 25절에 보면, "나를 믿는 자는 죽어도 살고" 하는 구절이 있습니다. 그것 재미있지 않습니까. 죽어도 살아? 죽으면 죽어야 될 텐데, 죽어도 살아? 그러니까 하나님에게 부딪친 사람은, 결국은 죽어도 산다는 것입니다.

죽어도 죽지를 않는다. 그것은 리얼하다는 것입니다. 그러니까 하나님의 사랑을 받은 사람은 죽어도 죽지 않고, 그대로 살아 있다는 것입니다.

그다음이 '무한하다' 인데, 이 말도 상당히 어렵습니다. 무한하다는 것은 요한복음 12장 24절에 "밀알 한 알이 땅에 떨어져서"라는 구절이 있는데 땅에 떨어지지 않고 그대로 있으면 한 알입니다. 무한의 한 알입니다. 그러나 이 밀알 한 알이 땅에 떨어져서 죽으면 백 배도 되고, 천 배도 되고, 또 무한해지는 것입니다. 그래서 밀알 한 알이 땅에 떨어져 죽으면 백 배도 되고, 천 배도 되고, 무한해진다는 것입니다.

한 알, 한 알 그대로 있는 무한을 '악무한惡無限'이라고 하며, 죽어서 다시 살아나 가지고 천 배도 되고, 만 배도 된다는 것을, 소위 '진무한眞無限'이라고 합니다. 여러분이 다 아는 헤겔의 말입니다.

요전에 십자가라는 것이 변증법이라는 말을 썼는데, 이 변증법이라고 하는 것은 밀알 한 알이 정正이고, 땅 속에 들어가서 죽은 것이 반反이며, 이것이 다시 살아나 천 배도 되고, 만 배도 되는 것, 이것이 합合이라고 하는 것입니다.

바로 이것이 정반합입니다. 중세기에도 이 무한이라는 생각을 많이 했는데, 헤겔이라는 사람은 무한 속에는 두 가지, 악무한이 있고 진무한이 있다고 하였습니다. 그래서 하나님의 사랑은 진무한이라는 것입니다. 죽었다가 다시 살아나서 백 배, 천 배 되는 그런 무한을 진무한이라고 합니다.

그러니까 이 하나님의 사랑이라고 하는 것에는 세 가지 성격이 있습니다. 완전한 사랑, 눈 뜬 사랑, 마음의 눈이 떴습니다.

하나님의 사랑은 아주 산 사랑입니다. 죽어도 죽지 않는 사랑, 그건 정신의 눈이 떴다고 생각합니다. 소크라테스는 죽어도 죽지를 않는, 정신의 눈을 뜬 사람입니다.

또 하나, 사랑은 죽었다 살아나는 사랑입니다. 소크라테스는 죽어도 죽지 않았지만, 예수는 죽었다가 살아나는 사랑입니다. 그것은 부활의 사랑, 부활의 생명, 소크라테스의 생명과 예수의 생명의 차이는 소크라테스는 죽어도 죽지 않지만, 예수는 죽었다가 살아나는 생명이라는 것입니다.

그리고 '영혼의 눈을 떴다', '영혼이 떴다' 라고 할 때, '마음의 눈이 떴다: 오성적인 사랑', '정신의 눈이 떴다: 이성적인 사랑', '영혼의 눈이 떴다: 실존적인 사랑, 혹은 영적인 사랑' 이라는 세 가지로 자꾸 깊이 들어가게 됩니다.

그래서 세 번째 사랑을 아가페라고 하는데, 아가페의 성격을 대개 세 가지로 생각합니다. '완전, 실재, 무한' 이지요. 완전한 사랑은 자꾸 불완전한 것을 도와주려고 합니다. 그것이 하나의 특색입니다.

그래서 요전에 어머니 얘기를 했는데, 어머니는 누구를 제일 사랑하나. 가장 불완전한 존재, 아직도 채 성숙하지 못한 어린 애라든가, 또 병을 앓고 있다든가, 하여튼 불완전한 사람을 제일 사랑합니다. 예수님께서 오셔서 "나는 건강한 사람을 위해서 온 것이 아니라 병든 사람을 위해서 왔다"라고 마태복음 9장 12절에 말씀하셨습니다. 예수님께서는 많은 병자를 고쳐 주셨습니다. 불완전한 것을 보고는 견디지를 못하고, 그것을 완전히 하여야 견디기 때문입니다. 또 어린애도 부모가 사랑을 더해서 어린애를 성숙하게 만들고야 견디지, 그렇지 않으면 견디지를 못합니다. 그러니까 부모의 사랑이나 하나님의 사랑은 불완전하면 불완전할수록 더 사랑합니다.

경기도 일산에 있는 홀트 고아원에 가보면 정말 정신적인 불완전, 육체적인 불완전, 어떤 아이들은 몇 발자국 걷지도 못합니다. 또 나이 많아도 몇을 헤지도 못합니다. 이런 사람들이 살아있나 하는 사람들이 많이 있습니다. 가장 불완전한 사람, 제 힘으로 걷지도 못하는 사람, 먹지도 못하는 사람, 말도 못하는 사람, 이런 사람들을 이북에 갖다 놓으면 다 죽일 것입니다. 그런데 이 홀트라는 사람은 자기가 하나님을 믿고, 하나님의 사랑이 어떤 사랑인가. 가장 불완전한 것을 사랑하는 사랑이다. 이렇게 생각하고는 우리 한국에 와서 보잘 것 없는 사람들을 다 모아 가지고 거기서 길렀습니다.

그렇게 하고서는 홀트라는 사람은 거기서 들으니까, 어떤 아이가 몹시 배탈이 났는데 약을 먹이고, 주사를 놓고 그래도 통 효과가 없었습니다. 그 아이는 정말 불완전한 어린애였습니다.

그래서 홀트라는 사람은 그 설사하는 어린애를 자기 배 위에 올려놓고 사흘을 지냈다고 합니다. 아기 배와 자기 배를 마주대고, 그래서 사흘 만에 그 어린애는 다시 회복했습니다. 그런 말을 들어보면 이거야말로 다른 데에서는 찾아 볼 수 없는 사랑입니다.

예수님께서는 언제나 불완전한 사람을 많이 사랑했습니다. 병든 사람, 어린 사람, "어린 사람 하나를 완전하게 못하면 아주 나는 저주받을 것이다"라는 말씀도 하셨습니다. 그것을 완전한 것이 불완전한 것을 사랑하는 ― 이것을 일방적인 사랑이라고 하는데 ― 아가페 사랑의 특징입니다.

그리고 또 하나는 예수님은 가난한 사람, 눌린 사람, 지친 사람, 짓밟힌 사람, 그 당시로 말하면 버림받은 사람입니다. 그러니까 실재는 언제나 허무를 사랑하고, 없는 사람을 사랑합니다. 그래서 아무것도 없는 사람, 아무리 사랑해 주어도 알지도 못하는 사람, 아무리 사랑해 주어도 돌려주지도 못하는 사람, 이것을 아가페에서는 무상성無償性이란 말을 합니다. 우리가 대개 사랑한다는 것은 조건부인데, 내가 당신을 사랑하겠소. 얼마나 사랑하겠나. 당신이 나를 사랑해주는 만큼 사랑하겠소. 이처럼 우리의 사랑은 조건부인데, 이 아가페라고 하는 사랑, 그리스도의 사랑은 조건부가 아닙니다. 그저 그대로 주는 것입니다. 왜? 난 실재니까, 충실이니까. 이 충실이 허무에 대해서 없는 사람에게 주는 것입니다. 그것이 소위 아가페 사랑의 또 하나의 특징입니다. 받을 생각은 절대 안 하는 것입니다.

우리는 우리에게 줄 수 있는 사람에게 무엇을 갖다 주기를 좋아하지만 전혀 나한테 돌리지 못할 사람에게 무엇을 갖다 준다는 것은 참 어려운 것입니다. 그러니 이것은 역시 그리스도의 사랑을 배운 사람만이 할 수 있는 것입니다. 그대로 주는 사랑입니다. 그러니까 통에 물이 들어 있다고 하면, '불완전'은 물이 절반쯤 통에 물이 든 것이고, '허무'한 것이라면 이건 통이 빈 데 채워주는 것이며, 무한은 통이 밑이 빠진 데를 채워주는 것입니다.

무한은 언제나 유한을 사랑합니다. 유한이라고 하는 것은 제일 쉽게 말하면 아주 들어 막힌 것, 세상에는 들어 막힌 사람이 있는데 들어 막혀서 자기밖에 몰라서 남은 죽든 살든 문제 삼지 않고, 자기만 알고, 남은 돌아 볼 줄도 모르는 사람, 이런 사람을 난 제일 유한한 사람이라고 하는 것입니다. 결국 세상의 모든 나쁜 짓은 그런 사람들이 하는 것입니다. 남을 죽이는 것도 그런 사람이 죽이고, 자신의 이익을 위해서는 남의 이익 같은 것은 돌아도 안 보는 것입니다. 떡 하나 얻어먹고 어떤 할머니를 죽이기도 하는 등, 자기 하나만 생각했지, 남은 통 생각하지 않습니다. 그런 막힌 사람, 못된 사람, 유한한 사람, 그런 사람이 결국은 원한을 가진 사람이 되고, 또 어떻게 말하면 그런 사람은 원수가 됩니다. 인류의 원수인데 "그 원수를 사랑하라"고 했습니다. 마태복음 5장 44절에 보면 "너희가 너희한테 좋게 해 주는 사람만 사랑하면, 그 무슨 효과가 있느냐. 너희를 죽이려는 원수를 사랑하고, 그 사람들을 위해서 너희가 기도하는 것이 좋다"고 하였습니다.

그러니까 그 원수를 사랑한다는 것, 이 말은 우리가 물통으로 말하면, 아까 절반 찼다, 하나도 없다는 것이 아니고, 이것은 아주 밑이 빠진 파이프 같은 것입니다. 그래서 얼마든지 무한이라고 하는 사랑 때문에 계속 강물처럼 흘러가는 것입니다. 그러니까 결국은 부족한 사람, 없는 사람, 더 쉽게 말하면 악한 사람, 세상에는 정말 악한 사람이 있는데 아무리 내가 사랑해 주어도, 이 사랑을 받아들이려 하지 않고, 도리어 나를 죽이고 마는, 그런 사람들이 세상에는 가끔 있습니다. 이들을 위해서 사랑을 바치는 것입니다.

언젠가 어떤 사람이 아마존 상류에 선교하러 갔습니다. 그 사람들을 살려보자고 갔습니다. 가서 최선을 다 해서 그 사람들을 도와주었는데 그 사람들은 도리어 그 선교사를 잡아먹고 말았습니다. 그 선교사가 잡아먹혔다는 말을 들은 그의 부인은 그 나라 말을 배워 가지고 다시 그곳에 갔습니다. 기독교의 사랑이라는 것이 무서운 것입니다. 그 사람들을 도와주러 잡아먹어도 또 가고, 죽여도 또 가는 것입니다. 잡아먹어도 또 가고, 죽여도 또 가는 것입니다.

부모의 사랑도 물론 지극합니다. 부모도 어린애를 사랑하고, 아들 가운데에서도 가난한 아들을 사랑합니다. 그것이 사실입니다. 그리고 아들 가운데에서도 악한 아들을 사랑합니다. 어떻게 해서든지 사람을 만들어 보려고 애쓰는 것입니다. 부모는 아들일수록 더 사랑하고, 없는 아들일수록 더 사랑하고, 악한 아들일수록 더 사랑을 합니다.

언젠가 김동길 선생님이 설교할 때 어떤 아들이 자기 어머니가 보기 싫어서 업고서 산 속 깊이 버리러 갔는데, 이 어머니가 가다가 나뭇잎을 하나씩 자꾸 따더랍니다. 그래서 그 아들이 "어머니, 이제 조금 있으면 죽을 텐데 그건 왜 그렇게 따는 거요?" 하였더니 그 어머니가 하는 말이 "너 이제 돌아가다가 길을 잃을까봐 내가 나뭇잎 하나씩 떨어뜨리니 돌아갈 때 그것을 따라가라" 하였답니다. 그것이 부모의 사랑입니다. 자기를 죽인다고 해도 그 아들을 미워하지 않고, 가다가 길을 잃을까봐 나뭇잎 하나를 떨어뜨린다는 것이 사랑입니다.

하나님의 사랑은 하나님을 대적하는 원수들을, 인류를 계속 사랑하는 것입니다. 이것이 소위 아가페라고 하는 기독교의 사랑입니다. 그래서 하나님의 사랑은 완전한 사랑, 마음의 문이 열린 사랑, 하나님의 사랑은 정신의 문이 열린 사랑, 충실한 사랑, 하나님의 사랑은 무한한 사랑, 영혼의 눈이 열린 사랑, 오성이 깨고, 이성이 깨고, 영성이 깬 사랑입니다. 눈감은 사랑은 아닙니다.

그러니까 하나님의 사랑은 영원히 충돌이라는 것이 없습니다. 영원한 평화에 영원한 사랑입니다. 그래서 이제 앞으로 이 세계에 깬 사람이 많으면 많을수록 충돌이라는 것이 자꾸 적어지겠지요. 지금 이란과 이라크가 충돌하는 것도 눈을 감았으니까 충돌하는 것이지, 호메이니 한 사람이 눈을 떴으면 충돌을 피할 수 있습니다. 이리로 오면 저리로 가서 충돌이 있을 수 없습니다. 두 눈이 지금 다 감겼으니까 자꾸 충돌을 하는 것입니다. 그러니까 어린애들보다는 어른이 눈을 뜨는 것입니다. 어린애같이 그러지 말고 어른처럼 성숙해져야 합니다.

싸움을 자꾸 하려는 사람들은, 결국은 성숙하지 못해서 그러는 것입니다. 여러분들도 집에서 싸움하고 싶으면 조금 생각해 보십시오. 아, 이건 내가 성숙하지 못해서 그렇구나. 김일성도 지금 어려서 그럽니다. 자꾸 싸우사면서 싸우면 어떻게 되는지 몰라서 그럽니다. 아, 지금 어느 때인데 싸웁니까. 원자탄 하나만 터지면 세계가 다 없어지고도 원자탄이 남는 때인데 어떻게 하자고 싸우자 그럽니까.

그러니까 이 싸움이라고 하는 것은 눈을 감았다는 것이고 무식하다는 것입니다. 그렇기 때문에 고린도전서 13장은 사실 '사랑 장章'이라기보다도 사실은 '지식의 장章'이라고 하는 것이 더 좋습니다. 사랑은 역시 지식과 같은 것입니다. 정말 알 때에 우리는 사랑할 수 있지, 모르면 사랑할 수 없다는 것입니다. 정말 이해할 때에 사랑할 수 있는 것이지요.

사실 하나님의 사랑이 얼마나 깊고, 높고, 넓은지 우리 좁은 마음을 가지고서는 도저히 알 수는 없지만 그러나 우리가 하나님의 말씀을 듣고, 그리스도의 사랑을 통해서 조금씩, 조금씩 마음의 눈을 뜨고, 정신의 눈을 뜨고, 영혼의 눈을 뜸으로 말미암아 하나님의 사랑의 깊이와 넓이와 높이를 헤아릴 수 있게 될 것이라고 생각합니다.

그리하여 하나님을 믿는 우리들이 이 나라의 빛이 되고, 이 나라의 눈이 되고, 이 나라의 지성이 되어서 정말 이 나라 사람들의 앞길을 비춰주고, 이 나라 사람들을 진정으로 사랑할 수 있는 사람들이 되기를 바랍니다.

사 랑

1980년 10월 19일

고린도전서 13:1~7

　사랑은 오래 참습니다. 친절합니다. 시기하지 않습니다. 자랑하지 않습니다. 교만하지 않습니다. 무례하지 않습니다. 사욕을 품지 않습니다. 성을 내지 않습니다. 앙심을 품지 않습니다. 불의를 보고 기뻐하지 아니하고, 진리를 보고 기뻐합니다. 모든 것을 덮어주고, 믿고, 바라고, 견디어냅니다.

　오늘은 고린도전서 13장을 읽어보겠습니다. 고린도라고 하는 곳은 지금 발칸 반도로 희랍 사람들이 사는 반도입니다. 그 반도 끄트머리에 우리나라로 치면 강화도 같은 작은 섬이 있습니다. 그 섬은 정말 가는 실오라기처럼 육지와 연결되어 있는 고로, 그곳을 할 수 없이 펠로폰네소스 반도라고 그러는데 요즘은 그곳에다 운하를 팠지요. 너무 좁은 곳이기 때문에 지금은 그곳에 운하를 파서 이쪽 배가 저쪽으로 갈 수 있게 되어 있습니다.

이태리 반도로 가는 해협을 고린도 해협이라 하는데 이 한쪽은 에게 바다에 접해 있습니다. 그곳은 옛날로 말하면 아시아에서 로마로 갈 때에는 어떤 배든지 반드시 에베소에서 떠나서 고린도 앞에서 내려서 고린도에 들러서 쉬고, 거기서 다시 로마로 가는 배를 타고 떠나게 되는 곳입니다. 말하자면 옛날 무역의 요충지라고 봐야겠지요. 교통의 핵심이지요. 그래서 그 고린도라는 데가 상당히 발전된 큰 도시였다고 합니다. 바울 선생이 그곳에 갔을 때는 인구가 60만 명이나 되었다고 합니다. 60만이면 제가 대학 다닐 때 서울 인구 정도이니 상당히 큰 도시라고 할 수 있습니다. 세계의 장사꾼들이 많이 모이는 지방이었답니다.

그곳의 또 한 가지의 특색은 희랍 사람들이 가장 아름다운 신이라고 부르는 아프로디테라고 하는 여신을 모신 곳이라는 것입니다. 로마 사람들은 이 여신을 비너스라고 합니다. 그 비너스 여신을 모신 아프로디테의 큰 신전이 거기에 있다는 것이 또 하나의 그 도시의 특색입니다. 아마 그래서인지 세계의 미인들은 다 그곳으로 모여든다고 하는 곳입니다.

이런 특색들 때문에 고린도에는 언제나 문제가 두 가지가 있었는데, 하나는 싸우는 문제였다고 합니다. 아무래도 상업 도시이므로 장사를 하게 되고 돈이 거래되므로 그 돈으로 인한 이해관계가 겹쳐서 싸움은 그칠 날이 없었을 것입니다. 그래서 싸움이 항상 큰 문제로 드러나 있었다고 합니다.

고린도는, 뒤로는 아테네라는 도시국가가 있고, 앞에 보면 스파르타라고 하는 나라가 있었는데 그런 지형적 이유로 아테네와 스파르타가 싸울 때는 언제나 고린도를 거쳐야 되었습니다. 그러니까 이 고린도는 싸움터가 되는 거라고나 할까요. 그래서 로마 시대에는 싸움이 너무 심해져서 나중에는 고린도가 아주 폐허가 되었다고 합니다. 그 후 한 백여 년 동안을 폐허가 된 채 버려져 있었다고 합니다. 그래서 지금은 옛날 번창했던 모습은 다 사라지고 인구 5~6만 정도밖에 살지 않는 조그만 도시라고 합니다.

또 하나는 비너스 여신이 거기에 있는 곳이어서 그런지 거기에는 또 남녀의 타락, 말하자면 음란, 음탕이 문제가 되었다고 합니다. 갈라디아서에서 성령의 열매, 육징의 열매, 하는 것이 대개 고린도에서 보고 쓴 것이 아닌가 하고 말할 정도로 제일 문제가 되는 것이 타락 문제였다고 합니다. 그래서 이 고린도는 항상 병폐적인 두 문제를 해결해야 할 숙제로 안고 있는 도시였습니다.

그런데 바울이 그곳에 간 것은 사도행전 18장에서 알 수 있듯이, 로마에서 유태사람을 다 내쫓을 때, 그때 쫓겨 온 사람들 가운데 천막 만드는 사람들이 있었다고 하는데 바울도 천막 만드는 사람이었으니까 그때 거기에 끼어 가게 된 것이 아닌가 합니다. 그리고 그것은 주후 50년 경일 것이라고 추정합니다.

바로 그때가 클라우디우스 황제 때이지요. 고린도를 중심한 아카야라고 하는 주를 만들어 거기에서 총독이 살았는데 그 총독의 이름이 갈리오라는 사람이었다고 합니다. 이 갈리오라는 사람이 바로 그 유명한 네로 황제, 자기 어머니를 죽이고, 아내를 죽이고, 자기 선생을 죽인 네로 황제의 선생이었던 세네카의 동생이었다고 합니다.

갈리오가 그곳에 간 것이 언제인가 하면 주후 50년경이라고 하니 역사적으로 그것이 꼭 들어맞는 거지요. 그리고 바울이 자기가 거기에서 1년 반 있었다고 쓰고 있으니까, 50년에 한 해 있었고, 51년에 여섯 달 동안 있은 거지요. 그래서 이건 50년부터 51년 6월까지 거기에 바울이 살면서 그곳 사람들에게 전도한, 그 내용, 그것이 바로 고린도전서입니다.

이 편지는 바울이 에베소에 가서, 에베소에 3년 있으면서 고린도에 보낸 것입니다. 고린도 교회 속에 싸움이 시작되었는데 우리 한국에도 기독교 장로교와 예수교 장로교가 얼마나 싸웠습니까. 그렇게 해서 외국 사람들은 예수하고 그리스도가 싸운다고 하지 않습니까. 이런 싸움이 우리나라에서 처음 시작된 것은 아닙니다. 거슬러 올라가면 고린도 교회 때부터 벌써 시작이 되었다고 볼 수 있지요. 그래서 그리스도파가 하나 있고, 베드로파가 하나 있고, 바울파가 하나 있고, 아폴로파가 하나 있어, 소위 요즘 말을 빌리면 사색당파가 거기서부터 시작이 된 거지요. 그래서 이 싸움 문제가 가장 어려운 숙제였지요. 아무래도 밖에서 자꾸 싸우게 되면 그런 영향을 또 교회 안에서도 받게 되므로 자연 그런 영향이 있게 되었겠지요.

그리고 또 하나의 문제는 타락 문제입니다. 그 아프로디테 신전에, 소위 유명한 희랍 신전에는 언제나 창녀들이 살았다고 합니다. 이미 우리가 역사에서 배워 아는 바와 같이 그것을 신전의 창녀라고 해서 신창神娼이라고 했으며, 그 아프로디테 신전에는 창녀가 지금 남아 있는 기록에 의하더라도 천 명이나 있었다고 합니다. 그러니까 그 창녀를 중심한 창녀들이 또 얼마나 많았겠습니까. 항구 도시이고 온 세계에서 배꾼들이 모여드는 곳이니만큼 우리가 가히 짐작할 수가 있습니다. 그런 이유로 인해 도덕적인 타락과 분쟁, 이 두 가지가 이 고린도전서에 핵심이 되었고, 내용도 다 그러한 문제를 다룬 것이라고 할 수 있습니다.

그래서 바울이, 이 싸움문제를 해결하기 위해서 쓴 것이 고린도전서 13장, 우리가 흔히 '사랑 장章'이라고 하는 부분이며, 해결의 실마리를 사랑에서 찾으려고 했지요.

또 도덕적인 타락의 문제를 해결키 위해 바울이 쓴 것이 우리가 흔히 '부활 장章'이라고 하는 고린도전서 15장입니다.

　우리들은 부활이라고 하면 죽어서 살아나는 것으로 생각하고 있는데 바울의 생각은 그것이 아니었습니다. 인간이 도덕적인 타락을 극복하는 유일한 길이 무엇인가. 이것이 곧 부활이라고 생각한 것입니다. 인간이 분쟁을 극복하는 길이 무엇인가. 이것이 곧 사랑이라고 보았습니다. 여기에서 사랑이라 함은 우리가 보통 생각하는 사랑보다는 좀 더 깊은 것이라고 봐야 할 것입니다.

　희랍사람들은 사랑이라는 말을 네 가지로 썼습니다. 물질을 사랑한다, 돈을 사랑한다, 그럴 때에는 '에피투미야' 그러나 남자를 사랑한다, 여자를 사랑한다, 이럴 때는 '에로스'라는 낱말을 사용했고, 그리고 또 학문을 사랑한다, 진리를 사랑한다, 이럴 때는 '필로스'라는 말을 썼습니다. 그리고 하나님을 사랑한다고 할 때는 '아가페'라는 말을 썼습니다. '아가페'라는 말은 이 복음서에서 쓸 때는 하나님을 사랑하는 사랑을 아가페라고 했었는데, 이것이 바울의 서한 속에는, 사람이 하나님을 사랑하는 것도 아가페이지만 차차 이것이 하나님이 사람을 사랑하는 그 사랑에다가 자꾸자꾸 중점을 두어 아가페라고 하고 있습니다. 그래서 바울 서간의 마지막이 되면 하나님의 사랑을 아가페라고 하고 있습니다. 그러니 만큼 이러한 사랑의 내력을 좀 염두에 두고, 사랑이라고 하는 것을 생각해 보아야 할 것 같습니다.

 고린도전서 13장은 전부가 13절로 되어 있습니다. 맨 처음 세 절은, 내가 천사의 방언을 말하고, 또 여러 가지 지식이 있다고 해도 사랑이 없으면 아무것도 아니라는 것이고, 그다음 둘째는, 내가 예언하는 능력이 있어서 깊은 철학을 이해하고, 또 넓은 지식을 가지고, 산을 옮길 만한 믿음이 있어도, 사랑이 없으면 내가 아무것도 아니다. 또 그다음에는, 내가 내게 있는 재산 모든 것을 다 털어서 구제하고, 내 몸을 불사르게 내어 준다고 해도 사랑이 없으면 아무것도 아니다. 그 세 마디뿐입니다. 어떤 것도 사랑이 없으면 아무것도 아니다, 라고 합니다.

 예를 들면 첫째는 요즘 학생들로 말하면 어학을 열 가지쯤은 할 수가 있어, 영어도 할 수 있고, 독일어도, 불란서어도 할 수 있고, 그 외에 몇 가지 말을 할 수 있는 학생이 있다고 합시다. 그렇게 어학을 많이 할 수 있어 아무 책이나 볼 수 있는 사람들도 만족할 수 있는가 하면 역시 그것만 가지고 인간은 무엇인가 하나 부족하다는 것입니다.

 또 그다음에는 철학이나 종교, 과학에 관한 것입니다. 무슨 예언하는 능력이 있다든가, 산을 옮길 만한 믿음이 있다든가, 또 철학이니 과학이니 신학이니 종교니, 이런 모든 학문을 가지면 인간이 만족할 수 있는가. 그것들만 가지고는 만족할 수 없습니다. 또 뭣이 있어야 됩니다.

나중에는 자기가 어떤 직장에 들어갔다고 합시다. 직장에서 상당히 신임을 얻어 가지고 자기가 자기의 전신을 바치는, 그 직장을 위해서 혹은 그것이 국가와 관련이 될 때는 국가를 위해서, 세계와 관련이 되면 세계를 위해서 자기 전체를 바쳤다, 또는 평생을 충성하고 살았다라고 할 수 있으면 또 만족할 수 있는가. 그것만으로도 안 된다는, 그런 얘기입니다. 그럼 그렇게 많은 어학도 지식도 좋은 직장도, 그것만 가지면 다 행복할 것 같은데 행복한가. 역시 아닙니다. 아니면 무엇인가. 뭣이라고 하는, 그 무엇이 하나가 있어야 된다는 것입니다.

그것을 뭣이라고 해야 될지, 그런데 그 무엇을 우리가 거꾸로 뒤집어서 말한다면, 그것이라고 하는, 그 무엇을 가지면, 어학을 열 나라 말이나 한다든가, 과학이니 철학이니 종교니 다 가지고 있다든가, 무슨 직장이니 사업이니 다 가지고 있다든가 하는 그것이 여기에 비하면 아무것도 아니라는 것입니다.

그래서 소크라테스 같은 사람은 우리가 가지고 있는 어학이나 지식이나 직장이나 이 모든 것들은 마치 무엇과 같은가. 그건 촛불 같은 것이다, 라고 합니다. 그렇다면 우리에게 진짜 필요한 것은 무엇인가. 태양이다. 나중에 우리가 그 태양을 가져 보면 이 촛불 같은 것은 아무것도 아니다. 아무것도 아닌 것, 그 촛불은 좀 꺼버려야 오히려 연기가 안 나고 좋다는 것입니다. 그것이 소크라테스에게 있어서는 '무지의 지'라는 말로 표현이 되는 것입니다. 오히려 촛불은 꺼버려 무지가 되어야 태양이 더 빛난다는 것입니다.

중세기의 학자 중에서 토마스 아퀴나스라는 사람이 있는데 굉장한 학자였습니다. 또 굉장한 신앙가이고, 그 당시의 법황한테까지도 아주 신임을 받아 법황을 가르치는 굉장한 인물이었지요. 우리가 중세기 최대 인물을 꼽을 때는 토마스 아퀴나스와 어거스틴 두 사람을 꼽을 수 있을 것입니다. 지금도 가톨릭에서는 가톨릭의 어떤 사상이나 철학도 전부 토마스 아퀴나스의 것뿐이죠. '도미즘'이라고 하는, 소위 『신학대전』이라고 해서 그 시대 신학을 총 집대성한 거대한 책을 쓰고 마지막 몇 장 남았을 때의 일입니다.

어떤 날 밤에 그가 기도하는 방에 가서 십자가를 앞에 놓고 기도를 하고 있었는데 갑자기 십자가가 빛나기 시작했고, 빛나는 십자가를 깜짝 놀라서 쳐다보니 자기 앞에 그리스도가 나타났다고 합니다. 그가 그리스도를 만난 후부터는 지금까지 써오던 것을 일체 쓰지 않기로 했다고 합니다. 그 제자들이나 혹은 그 주변의 사람들이 그 몇 장 남은 것을 마저 써주었다면 후세에 얼마나 도움이 되겠느냐고 하면, "내가 철이 없어서 그것을 썼었지. 이제 그리스도를 만나고 보니 그런 것들이 다 지푸라기만도 못한 걸, 그것을 쓰느라고 일생을 소모했으니 이런 기막힌 일이 어디 있느냐"고 한탄하고는 쓰는 일을 중단했다고 합니다.

사랑 37

그러니까 그리스도를 만난 후에 토마스 아퀴나스가 지금까지의 철학과 자기의 신학 일체를 보았을 때 그것이 지푸라기만도 못한 것이었습니다. 키에르케고르의 말에 의하면 온 우주를 얻어도 그것을 못 얻으면 살아서 뭐하냐, 하는 '그것'이 바로 지금 바울에 의하면 '사랑'이라는 말로 표시가 되고 있는 것뿐입니다. 나는 그것을 사랑이라 해서 해결이 될까 의심스럽습니다. 사랑이라고 해서 될 것 같지를 않습니다. 그러나 할 수 없이 바울이 사랑이라고 했으니, 사랑이라고 해 두는 편이 나을 것 같습니다.

좌우간 동양식으로 하면 '그거'라고 하는 것입니다. '그거' 옛날부터 동양 사람들은 할 수 없이 '그거, 그거'라고 했습니다. 그거란 무엇이라고 표현할 수가 없다는 것입니다. 왜 우리가 그것을 체험해 보기 전에는 무엇이라고 할 수 없는가 하면, 그것을 체험해 본 후에는 지금까지 내가 가지고 있었던 재산이니 사업이니, 이것들이 다 지푸라기 정도로 여겨지니 말입니다. 이런 것들이 아무것도 아닌 것처럼 그렇게 보이게 할 수 있는 그것, 우리가 그것을 억지로라도 태양이라고 그런다면 다른 것은 다 촛불 정도라는, 그런 말입니다.

그것을 바울 선생은 그리스도라고 합니다. 바울 선생이 그리스도를 말할 때는 '그거'라고 하고 있습니다. 자기가 베냐민지파니 뭐니 뭐니, 바울은 꽤 잘난 사람이었답니다. 과학도 배운 사람이고, 철학도 신학도 공부한 사람이고, 그 당시로는 부러울 것이 없는, 그런 사람이었는데 그거, 그것을 만나고부터는 자기는 지금까지 가지고 있던 것이 다 무엇인가. "이것이 다 분토일 뿐이더라"고 고백합니다. 그것을 바울이 사랑이라는 말로 표시하는 것입니다. 그러니까 요한 1서에 보면 "하나님은 사랑이다"라고 하고 있는데, 이 사랑이란 말 대신에 하나님 없으면 이것이 아무것도 아니다. 혹은 그리스도 없으면 아무것도 아니다, 라는 것이죠. 무엇이라고 바꿔 말해도 상관은 없습니다.

그것이 없으면, 아이들이 장난감도 가지고, 먹을 것도 가지고, 옷도 가지고, 친구도 있고, 다 있어도 안 되는 것, 다시 말해 그것이 바로 엄마이듯이. 엄마 없으면, 그까짓 것들은 아무것도 아닌, 친구들은 왔다 가는 것이고, 장난감은 한참 가지고 놀면 깨지는 것이고, 밥 먹으면 조금 있다 또 배고픈 것이고, 바로 이런 것들은 아무것도 아니지요. 정말 어린애에게 필요한 것은 무엇인가. 엄마입니다. 그 엄마, 혹은 그것, 그것이 지금 말하는 사랑이라는 것입니다. 그 사랑이 없으면 지금까지의 모든 것이 아무것도 아니라는 것이 1절, 2절, 3절입니다.

그다음에 4절, 5절, 6절, 7절에는 15가지 사랑의 성격이 있습니다. 맨 처음에는 "사랑은 오래 참고, 온유하며 투기하지 아니하며, 자랑하지 아니하며, 교만하지 아니하며" 그것이 바로 4절입니다. 또 5절은 "사랑은 무례하지 아니하며, 자기의 이익을 생각하지 아니하며, 성내지 아니하며 악한 것을 생각하지 않는다"이고, 6절은 "불의를 기뻐하지 아니하며, 진리와 같이 기뻐하며" 마지막 7절은 "사랑은 오래 참고, 믿고, 바라고, 견딘다"입니다. 모두 해서, 15가지입니다. 열다섯 가지인데도 그 가운데 가장 핵심적인 것이 있으니 그것은 4절에 있는 "투기하지 않는다"는 것입니다. 그리고 5절에는 "자기의 이익을 구하지 아니한다." 6절에는 "진리와 함께 기뻐한다." 7절에는 "오래 견딘다."

그러니까 그건 바울이 무엇을 보며 썼을까 하고 생각해 본다면 아무래도 바울은 자기의 어머니를 생각하며 쓴 것 같습니다. 어머니의 특징이 무엇인가. 투기하는 것이 없다는 것이죠. 투기한다는 말은 무엇인가. 남이 잘나면, 남이 뭘 가지고 있으면 배가 아픈, 바로 그것이죠. 그러니까 우리나라 속담에 사촌이 논을 사면 배가 아프다는, 그런 것이나 마찬가지입니다.

「흥부전」에서 흥부가 큰 집을 가지고 있어, 놀부가 배가 아파서 견딜 수가 없으니 가서 빼앗아 와야지 하는 식의, 즉 남 잘되면 배 아픈 것, 그것을 투기라고 합니다. 이 세상 사람에게는 다 투기하는 마음이 있습니다. 남이 잘되면 무엇인지 자기가 눌리는 것 같아서 기분 나빠 합니다. 그런 중에도 남이 잘되어서 기쁘다고 하는 사람이 있는데 그것이 누군가 하면 부모님뿐입니다.

우리 동양식으로 말하면 기자승어부其子勝於父, 그 아들이 아버지보다 낫다고 그럴 때에 부모는 최고로 기쁘다는 뜻입니다. 다른 사람이 저보다 낫다고 하면 배가 아파서 못 견디겠는데도 자기 아들이나 자기 딸이 자기보다 낫다고 하면 그렇게 기쁜 것이 없다는 것입니다. 그러므로 공자에게 어떤 사람이 "효라고 하는 것이 어떤 것입니까" 하고 물어 보았더니 "효라는 것이 별거 있느냐. 그저 아버지보다 나아지면 그것이 효지, 그것이 제일 아버지를 기쁘게 하고, 어머니를 기쁘게 하는 것이지" 하였답니다. 남이 잘되면 배가 아픈데도 불구하고 그렇지 않은 것이 꼭 하나 있는데 그것은 부모님의 마음뿐이라는 것입니다. 어머니의 마음속에만은, 아버지의 마음속에만은 자기 자식들이 자기보다 잘될 때 배 아프지 않을 뿐만 아니라 기쁘기까지 하다는 것입니다. 그러니까 지금 4절에 투기하는 자가 되지 아니하며, 라는 것은 정말 부모님과 같은 마음 아니면 안 된다는 것을 말하는 것입니다.

5절에는 "자기의 이익을 구하지 않는다"라고 되어 있는데 우리는 흔히 집에서 먹을 것이 생기면 아이들만 주지 어머니들은 잘 안 먹습니다. 그저 맛있는 것이 있으면 다 너 먹어라, 너 먹어라 하면서 아이들만 자꾸 먹이지 어머니들은 하나도 안 먹는데 바로 이것이 또 부모 마음입니다.

군대에 가면 아침에 밥을 쭉 담아 놓습니다. 조금이라도 다른 사람 밥이 더 많은 것 같으면 가서 조금 덜어 와야지 배가 아파서 못 견디지요. 저도 군대에 나갔을 때 저쪽 밥이 제 것보다 조금 더 많다고 싸운 적이 있습니다. 좀 많은 밥그릇을 가진 사람보고 그것 이리 좀 가져오라고 하니 안 가져 온다고 해서 싸움을 하면서 먹은 후에 그날 싸우러 나갔는데 저녁때는 그 사람이 죽어서 돌아왔습니다. 그때는 정말 기가 막혀 어쩔 줄을 몰랐습니다. 내가 왜 진작 내 밥을 한 술 덜어서 그 사람에게 주지 못했던가. 밥 조금 더 많이 먹겠다고 싸움을 했는데 친구가 그만 그날 오후에 죽었단 말입니다. 어이없는 일이지요. 어떻게 해서든 자기가 하나라도 더 먹으려고 하는 것이 인생입니다.

얼마 전에 신문에 보니까 어떤 기업체에서 땅을 4억만 평을 가지고 있었는데 개인이 가지고 있는 것이 1억만 평이었다고 발표한 것을 보았습니다. 엄청나게도 많이 가지고 있었는데, 그것이 인생이라고 합니다. 이처럼 사람들이 자기만 먹으려고 하는데 단 자기는 안 먹어도 좋고, 남을 먹이려고 애를 쓰는 것이 있으니 바로 어머님의 마음입니다.

우리가 사람을 찾아보면 거기서 찾아야지 어디서 찾아보겠습니까. 온 세상이 무엇인가 다 잘못되었다 해도, 그래도 그 어머니의 마음, 그 마음만은 참된 것이 아니겠습니까. 그것이 바로 5절입니다.

6절은 "진리와 함께 기뻐하라"는 말인데, 그 말은 좀 더 쉽게 말하면 부모님 마음 중, 아들, 딸 잘되는 것이 제일 즐겁다는, 그런 것입니다. 자기는 굶어도 좋고, 자기는 안 먹어도 괜찮고, 그저 자식들만 잘되면 그렇게 기쁜 것이 없다는 그것이 바로 6절입니다.

  그리고 마지막 7절은 오래 견딘다는 것, 무슨 어려움이 와도 계속 견디어가는 것을 말합니다. 그것이 또 부모의 마음이라는 것입니다. 우리가 하나님의 모습을 어디에서 찾아보겠습니까. 우리가 흔히 하나님은 사랑이라고 말하지만 하나님의 사랑은 어디서 찾아볼 수 있겠습니까. 역시 어머니의 마음속에서 우리가 하나님을 찾아볼 수밖에 없습니다. 사람이 하나님의 형상대로 지음을 받았다는 말, 참 어려운 말이지만 그러나 우리 어머니 마음을 들여다보면 그 말이 그렇게 어렵지도 않다고 느껴집니다. 바로 우리 어머니의 마음이 하나님의 형상이지 무엇입니까. 그 어머니의 마음을 들여다볼 수 있는 사람이라면 하나님의 형상을 보는 사람이라고 할 수 있습니다.

  그러므로 바울이 15가지나 세밀하게 쓰는 것은 바울이 자기 어머니를 생각하면서 쓰지 않았나 하고 생각합니다. 정리를 해보면 하나님이 어떤 분인가. 하나님이 사랑이라면 하나님은 어떤 분인가. 역시 이 엄마 같은 분이 아닌가. 우리 엄마의 마음이 곧 이렇지 않은가. 그래 쓴 것이 4절부터 7절까지가 아닌가

사랑 43

생각합니다. 우리 세상에 어머니 없는 사람은 없습니다. 하나님을 모르겠다고 하는 것은 거짓말입니다. 어머니의 마음을 들여다보면 얼마든지 하나님의 마음을 알 수가 있습니다. 예수 그리스도를 모르겠다고 하는 것도 거짓말입니다. 예수 그리스도의 마음도 어머니의 마음을 알면 알 수가 있을 것입니다.

하나님께서 저희들에게 어머니를 주신 것을 감사합니다. 그리스도를 주신 것을 감사합니다. 하나님 자신을 주신 것을 감사합니다. 우리가 하나님의 사랑 속에서 진정으로 감사하는 마음을 가지고 평생을 살 수 있다면 그것이 신앙입니다. 우리들이 어머니가 우리를 위해서 그렇게 고생한, 그 고생을 깊이 생각하면서 우리도 다시 성숙한 어른이 되어 가는 것, 그것이 신앙생활일 것입니다.

병 아 리

1980년 11월 23일

고린도후서 5:14~17
 누구든지 그리스도를 믿으면 새 사람이 됩니다. 낡은 것은 사라지고 새 것이 나타났습니다.

 오늘은 추수감사절입니다. 지금까지 계속 고린도전서와 고린도후서를 공부해 왔기에 그것을 총정리 해야 되고, 오늘 세례 받는 사람들을 위해 세례에 대해서도 한마디 해야겠습니다. 아마 가장 짧은 시간에 가장 많은 말을 해야 되는, 그런 시간이 될 것 같습니다.
 고린도전서에는 두 가지 큰 문제가 있는데 하나는 사람들이 타락하는 것 ― 즉 도덕적인 부패를 말합니다 ― 이요, 다른 하나는 싸우는 것 ― 분파, 싸움, 분쟁 ― 입니다. 교인들에게 있어서 제일 문제는 타락하는 것이고, 직원들의 제일 문제는 싸우는 것이라고 말씀드렸습니다. 싸우는 것을 막기 위해 고린도전서 13장에 사랑하라는 말이 있고, 타락하는 것을 막기 위해서 15장에 부활이라는 말씀이 있습니다.

바울 선생의 다음 편지가 고린도후서 10장에서 13장까지인데 그건 더 어려운 문제, 즉 교역자의 문제입니다. 교역자에게 있어서 가장 어려운 문제가 변질하는 문제입니다.

교회의 목사가 변질하지 않아야 되고, 또 직원들이 하나로 합쳐서 깨지지 않아야 되며, 또한 교인들이 썩지 않아야 된다고 하는 것이 고린도후서 1장부터 9장까지의 내용입니다.

그래서 바울 선생이 결론을 내리는 거지요. 그럼 어떻게 하면 썩지 않겠느냐. 어떻게 하면 깨지지 않겠느냐. 어떻게 하면 변질되지 않겠느냐. 또 바꾸어 말하면 왜 썩느냐. 왜 깨지느냐. 왜 변질되느냐, 인데 이에 대하여 바울 선생은 "계란이 되어서 그렇다"라고 생각하셨습니다. 계란이니까 껍질이 깨지기도 하고, 계란이니까 썩기도 하고, 계란이니까 변질도 되는 것이다. 다른 말로 하면 철이 안 들어서 그렇다. 또 다른 말로 하면 미숙해서 그렇다. 성숙하지 못해서 그렇다. 어려서 그렇다. 어리니까 어리석기도 하고 또 자칫하면 얼이 썩기도 하는 것입니다.

그럼 어떻게 하면 썩지 않겠느냐. 어떻게 하면 변질되지 않겠느냐. 어떻게 하면 깨지지 않겠느냐. 바울 선생의 결론은 병아리가 되면 된다는 것입니다. 병아리가 되면 어디 가서 다쳐서 깨질 이치도 없고, 또 병아리가 되면 썩을 이치도 없고, 병아리가 되면 변질될 이치도 없습니다. 그러니까 병아리가 되면 성숙한 인간, 깬 인간, 믿음이 있는 사람이 된다는 것이 결국 바울 선생의 마지막 답변입니다.

고린도후서 1장에서 9장 가운데 3장 17절에 보면 "주는 영이시니, 주의 영이 계신 곳에서는 자유함이 있느니라"고 되어 있는데, 주는 영이시니 하는 말 대신에 아버지시니 어머니시니 다 마음대로 대치해도 좋습니다. 또 사랑이시니 그래도 좋습니다.

주의 영이 계신 곳에는 자유함이 있다. 자유라는 말을 아들 자子, 있을 유有 자로 해도 좋다. 병아리가 있다는 소린데 병아리의 특색이 무엇인가 하면 사유다. 마음대로 뛰이다닐 수도 있고, 마음대로 주워 먹을 수도 있고, 나중에 마음대로 날아다닐 수도 있다. 그래서 결국은 이 자유라는 말을 상징적으로 표시하면 병아리라는 말로 표시할 수가 있는 것이다. 결국 고린도후서 1장에서부터 9장까지의 핵심은 자유가 되어야 한다. 병아리가 되어야 된다는 것입니다.

그럼 병아리가 되려면 어떻게 해야 되나. 어머니 품속에 안

겨야 됩니다. 그것이 5장 17절에 "그런 즉 누구든지 그리스도 안에 있으면" — 그 알을 넣어두는 그릇이 그리스도이기에 알을 넣어두는, 그리스도 안에 있으면 거기에 어미 닭이 앉아서 품어주며 그로 인해 되는 — "새로운 피조물이라" — 병아리가 되어서 나온다는 것이다 — "이전 것은 지나갔으니 보라, 새 것이 되었도다." 그래서 병아리가 뼁뼁뼁 깨어 나옵니다.

그럼 그렇게 병아리가 깨어 나오려면 어미닭이 그것을 품고 앉아서 발을 가지고 다그닥 다그닥 자꾸 뒤집어 놓아야만 됩니다. 그것이 4장 8절 "우리는 아무리 짓눌려도 찌부러지지 않고" — 계란은 찌부러질 이치가 없다 — "절망 속에서도 실망하지 않으며, 궁지에 몰려도 빠져 나갈 길이 있으며, 맞아 넘어져도 죽지 않습니다." 그것이 어미 발로 다그닥 다그닥하는 것입니다.

이런 것을 소위 철학하는 사람들은 운명애라고 합니다. 우리에게 부딪치는 모든 운명이 무엇인가 하면, 결국 우리들을 깨게 하기 위한 어미닭의 발 움직임입니다. 그것을 우리가 알아야 합니다.

오늘도 우리에게는 여러 가지 어려움이 있습니다. 이 어려움이 왜 우리에게 오는 것인가를 옛날 속담을 통해서 알 수 있습니다. "아들이 귀엽거든 집 떠나서 멀리 내보내라." 왜 그렇게 집을 떠나서 멀리 보내라고 하는가 하면 밖에 나가서 고생을 해야 하기 때문입니다. 고생을 해야 사람이 되니까 그런 것입니다. 우리에게 오는 모든 고생과 어려움이라는 것은 왜 있나. 내 영혼이 은총을 입어 깨게 하기 위해서 있는 것입니다. 그래서 그렇게 다그닥 다그닥 하는 것입니다. 그럼 다그닥 다그닥 하면 속에서는 어떻게 되나. 속에서는 계란이 병아리로 바뀌는 것입니다. 매일매일 자꾸 병아리로 바뀌는 것입니다. 그것은 4장 16절의 "그러므로 우리가 낙심하지 아니하노니 겉 사람은 후패朽敗하나 우리의 속은 날로 새롭도다." 즉 껍데기는 다 흐트러져도 속은 자꾸자꾸 새로워져서 스무 하루만 지나면 병아리가 되어서 깨어 나오는 것입니다.

병아리가 되어서 깨 나오면 3장 17절이 되는 것이고, 그러니까 5장 17절이 계란을 집어넣는 것이고, 그렇게 집어넣으면 그것이 차차 뒤집으면서 병아리가 되어가는 과정이 4장 8절, 4장 16절이고, 마지막에 병아리가 되어서 나오면 그것이 3장 17절이 되는 것입니다. 결국 병아리가 되어서 나와야 자유가 되는 것입니다. 요전에 부활이라는 말을 설명할 때에도 자유라는 말을 쓸 때에는 반드시 자유自由 앞에는 자족自足이 있어야 되고, 자족 앞에는 반드시 자재自在가 있어야 된다고 말했었습니다. 자재와 자족과 자유는 언제나 붙어 다닙니다. 우리는 자유자재라는 말을 많이 쓰는데 자유·자족·자재, 이 세 가지는 언제나 붙어 다닙니다. 이것이 스피노자의 자유론의 핵심인데, 언제나 자재가 있어야 그다음에 자족이 있고, 자족이 있어야 그다음에 자유가 있다는 이론입니다. 따라서 어미닭이 품은 것이 자재이고, 어미닭이 돌리는 것이 자족이고, 어미닭이 나중에 쪼아서 깨어 나오는 것, 그것이 자유입니다. 여러분은 오늘부터 하나님의 품 안에 안겨, 그 속에서 자꾸 새로움을 입어서 나중에는 하나님의 아들로 피어 나오는 과정을 밟는 것인데 우리가 그것을 부활이라고도 하며, 또한 믿음이라고도 합니다.

결국 교회라고 하는 것은 무엇인가. 이것도 결국 병아리가 되기 위해서 계란을 집어넣은 것입니다. 요사이 계란이 너무 많고, 자리가 좀 모자랍니다. 교인은 7백 명 이상 나오는데 예배 장소의 좌석은 두 교실을 다 합쳐도 7백 좌석이 안 되기 때문입니다. 그래서 서서 예배를 보는 분들이 많아졌습니다.

교회를 하나님의 보이는 품이라고 볼 때 제가 지금 말하는 것은 다그닥 다그닥 하는 것이며, 그로 인해서 여러분의 생명이 자꾸 새로워져서 나중엔 완전히 자연인이 변해서 자유인이 되는 것, 그것이 우리 믿음의 핵심이 아니겠습니까. 그래서 바울 선생이 결국 고린도후서 1장에서 9장까지 그 말을 하는 것입니다.

고린도후서 5장 15절에 보면 부활에 관한 얘기가 있는데 그것은 세례 받는 문제와 같은 것입니다. 세례는 왜 받나. 고린도후서 5장 15절에서 말하듯이 자신을 위해서 살지 않고, 진리를 위해서 살기 위해서입니다. 금년 세례문답에는 예년과는 조금 달리 나이가 든 분들이 많았고 그래서인지 상당히 성숙하고 진지한 말씀들이 많았습니다. 어떻게나 진지하고 진실한지 이런 분들이 계시니 우리 한국에도 정말 소망은 있구나 하는 느낌이 들었습니다.

세례는 왜 받는가. 몇몇 분들의 말씀을 빌리자면 나를 위해서 사는 것이 아니고, 남을 위해서 살기 위해 받는 것이라고 합니다. 특히 졸업생들은 "졸업하고 나가면 이제부터는 나를 위해서 살지 않고, 남을 위해서 살기 위해 이번에 꼭 세례를 받고 나가야 되겠습니다"라는 말을 많이 하더군요.

이것은 우리가 다 아는 슈바이처의 말입니다. "내가 서른 살까지는 나를 위해서 살고, 서른 살 이후는 남을 위해서 살겠다"라고 생각하고, 신학박사도 되고, 철학박사도 되고, 파이프 오르간으로 말하면 유럽에서 제일가는 바흐의 연주자인, 그런 사람이 다시 의학공부를 해 가지고 아프리카로 가는 것이 아니겠습니까. 아프리카에서도 제일 더운 적도 밑, 사람이 통 살 수 없는, 그런 곳에 가는 것입니다.

1913년 그의 나이 서른여덟 살이었습니다. 맨 처음에는, 하여튼 우리 문명인들이 어떻게 해서든지 이 아프리카의 야만인들을 좀 깨워줘야 되겠다, 라고만 생각하고 그 불쌍한 사람들을 동정하러 간 것입니다. 동정심에 가서 여기저기에서 치료를 해

주고 왔다 갔다 했는데 2년 후에 배를 타고 어떤 마을로 병을 고쳐 주러 가게 되었습니다. 오고외라고 하는 밀림 지대의 강을 지나는데 오고외라고 하는 강물은 그냥 철철 넘치고 있었으며, 하마가 수백 마리나 우글거리고 있었습니다. 바로 그 옆을 지나는 순간에 슈바이처는 한없는 감동을 받았다고 합니다. 무엇인지는 모르지만 그 사람으로서는 "내가 오늘 여기 와서 그리스도를 만났다"고 표현을 했습니다. 어떤 경험인지는 모르지만 "내가 여기 와서 그리스도를 만났다." 그러니까 만일 그 사람이 아프리카에 오지 않았으면 그리스도를 못 만나고 죽을 뻔했다는 말입니다. 그곳에 와서 그 밀림 속에서 그리스도를 만나게 되었는데 그리스도를 만나고 보니 자기가 지금까지 야만이라고 생각하고, 가장 불쌍하다고 생각하고, 천하다고 생각했던 그 사람들이 불쌍한 사람도 아니고, 천한 사람도 아니고, 야만인도 아니고, 그들이야말로 세상에서 가장 위대하고 높은 사람이라는 것을 깨닫기 시작했다고 합니다.

이것을 보고 생의 외경이라는 말을 쓰는데 무서워할 외畏 자, 존경한다는 경敬 자, 그래서 동정으로 하는 것이 아니고, 그 때부터는 그 사람들을 한없는 존경과 숭배하는 마음으로 떠받들었다는 것입니다. 그때 비로소 슈바이처는 이것이야말로 나를 위해서 사는 것이 아니고 그리스도를 위해서 사는 것이 무엇인지를 느낀 것입니다. 지난 시간에 본 갈라디아 2장 20절에 있는

"지금부터 내가 사는 것이 아니다. 그리스도가 내 안에서 산다"는 말씀이나 마찬가지입니다. 지금부터 내가 사는 것이 아니다. 이제부터는 그리스도가 사는 것이고, 이제는 진리를 위해서 사는 것이며, 남을 위해서 사는 것이다. 이렇게 생각할 때 비로소 남이라는 것이 동정의 대상이 아니고, 하나의 외경의 대상이 되는 것이라고 슈바이처가 생각했다는 것입니다. 지금까지는 가장 천대했던 그것이 가장 존귀한 존재로 그 사람의 마음속에서 뒤집히고 말았습니다.

아마 세례라고 하는 것이 그런 의미인 걸로 나는 압니다. 내가 이제 여러분의 머리에 물을 얹어 놓겠는데 여러분은 그 물이라고 하는 것을 지금까지는 상당히 무시하고 천대했을 것입니다. 물을 아무것도 아닌 것으로 생각했을 것입니다. 이 아무것도 아닌 것을 물이라 해도 좋고, 대중이라고 해도 좋고, 민중이라고 해도 좋고, 말씀이라고 해도 좋고, 진리라고 해도 좋고, 어떤 때는 하나님이라고 해도 좋습니다.

어제 어떤 사람이 찾아와 자기는 아직까지 무신론자였다고 말하는 것을 들었습니다. 또 어떤 사람은 난 지금까지 성경을 한 번도 본 일이 없다고 말하는 것을 들었는데 그만큼 하나님의 말씀을 무시했다는 것입니다. 또 어떤 사람은 대중을, 자연을 얼마나 무시했는지 모른다고 하였습니다. 이제 우리가 무시한 모든 것, 그것을 대표해서 물이라고 합시다. 그 물이 이제부터는 여러분의 무시의 대상이 아니라 여러분의 존경의 대상이 될 수 있도록, 그래서 이제부터 하나님을 존경하고, 하나님의 말씀을 존경하고, 사람을 존경하고, 자연을 소중히 여기면서 일생을 살아간다면 그때야말로 우리가 바로 살고 옳게 사는 것이 아닌가. 그런 의미에서 오늘은 여러분 머리 위에 내가 물을 올려놔 줄 텐데 여러분께서 깊은 느낌을 가지고 많은 생각을 하시기를 바랍니다.

이제 감사에 대해서 한마디만 하겠습니다. 이 감사라고 하는 말은 나는 언제나 감과 사과를 합치면 감사라고 생각하고 있습니다.

사실 오늘 여기 감과 사과를 사다가 여러분에게 하나씩 다 드리려고 했습니다. 30만 원쯤 들겠다고 생각하고 돈을 챙겨 가지고 시장에 가다가 제 마음이 바뀌었습니다. 어떻게 바뀌었는가 하면 이것을 우리 교인들에게 줄 것이 아니라 고아원 아이들이나 또 어렵게 지내는 할아버지 할머니들 계신 데 갖다 주는 것이 더 좋겠다고. 그래서 가던 길을 되돌아 왔습니다. 여러분 잘했지요? 이제 우리 교회도 성숙한 교회가 되어야 되지 않나 생각했기 때문입니다. 어제 사회사업과를 통해서 양로원에 10만 원을 보내주었고, 오늘 아침에 고아원에 20만 원을 보내주었습니다. 아마 거기에서 여러분 대신 아주 맛있게, 기쁘게 먹을 것입니다.

감과 사과가 좋다고 하는 것은 그것 때문에 우리가 살기 때문입니다. 이 앞에 놓인 감과 사과를 보십시오. 새빨갛게 익었지요. 감과 사과가 익었다는 것이 무엇입니까. 속에 씨가 들었다는 것이 아닙니까. 그 씨가 들었으니까 그 씨를 보호하기 위해서 단물이 들어 있고, 또 껍질이 있고, 그래서 아름다운 것이 되는 게 아니겠습니까. 만일 그 씨가 들어있지 않다고 하면 단물도 없고, 껍질도 없었을 것입니다. 씨, 단물, 껍질을 생각할 때마다 씨는 생명이고 또 단물은 언제나 진리라고 생각합니다. 껍질은 언제나 길이라고 생각합니다. 그러므로 이 감 하나를 볼 때마다 "나는 길이요 진리요 생명이다"라는 예수님의 말씀을 생각하게 됩니다. 이 감과 사과가 대표적이지만 모든 열매가 마찬가지입니다.

감과 사과가 어디서 왔는가 하면 태양에서 왔다. 그래서 난 어떤 때는 태양도 감 한 알이라고 생각합니다. 또 어떻게 보면 우주라고 하는 것도 감 한 알인 것 같습니다. 이 우주에 대해서 씨가 어떤 것인가 하면 태양이 바로 씨가 되는 것입니다. 이 우주에 가득 찬 것이 단물이다. 그리고 우주, 즉 은하계에서 한없이 빛나는 별들은 반짝반짝하는 껍데기라고 생각합니다.

그럼 이 감이 어디서 왔나. 우주에서 왔다. 그럼 이 우주는 또 어디서 왔나. 생각해 보면 우주는 하나님에게서 왔다고 봐야 합니다. 왜? 하나님께서 우주를 창조하셨으니까. 그럼 그 하나님 속에 있는 태양은 무엇인가. 그것은 그리스도라고 생각합니다. 그러니까 하나님 속에 있는 씨, 생명, 태양, 그것이 말씀이요 진리요 그리스도요, 그 진리와 말씀이 단단하게 굳어진 그것이 바로 육신으로 되신 예수님이라고 생각합니다. 그래서 하나님, 그 속에 있는 그리스도, 그리고 그 하나님 전체의 나라가 영광에 빛날 것이라고 생각합니다. 그래서 조그만 감 한 알, 큰 우주, 그리고 그다음 더욱 큰 하나님의 세계, 태초에 말씀이 하나님과 같이 있으니 말씀이 곧 하나님이라고 하는, 하나님의 세계에 대해서 한없이 감사를 드립니다. 우주에 대해서, 감에 대해서, 하나님께 대해서.

그런데 왜 감사를 하는 사람도 있고, 안 하는 사람도 있는가. 씨가 들어가면 감사를 하지 않을 수가 없는 것이고, 씨가 못 들어가면 감사는커녕, 불평, 불만, 비관, 염세, 허무, 그런데 빠지고 마는 것입니다. 씨가 든다는 것은 철학적 술어로 말하면 실존이 되는 것이고, 씨가 못 들면 허무가 된다는 것입니다. 씨가 들면 진짜가 되는 것이고, 씨가 못 들면 가짜가 됩니다. 우리가 제일 좋아하는 것이 진실인데, 진짜 열매, 이것이 진실 아닙니까. 플라스틱으로 만든 열매는 가짜입니다. 기독교에서 제일 좋아하는 말이 진실이라는 말입니다. "내가 진실로, 진실로 너희에게 이르노니"라는 예수님의 말씀이 있듯이, 예수님이 제일 좋아하는 말이 진실입니다. 우리가 기도하면서 '아멘' 하는 것은 그 말이 진실이라는 말입니다.

　진실은 언제나 땅 속에 들어가면 봄에 다시 싹이 틉니다. 그것을 우리가 부활이라는 말로 표현합니다. 진실은 꺼지지 않습니다. 그래서 우리 속에 씨가 들면 언제나 감사에 넘치는 것이고, 기쁨에 넘치는 것이고, 기도에 넘치는 것이고, 씨가 들지 못하면 허무가 되는 것이고, 비관하게 되는 것이고, 불평하게 되는 것입니다. 더 쉬운 말로 하면 씨가 들었다는 말 대신에 철이 들었다는 그런 말입니다. 철이 들면 감사와 기쁨이 넘치게 되는 것입니다. 집에서 어린애를 길러보면 알듯이 철이 없으면 밤낮 불평불만만 하게 되는 것입니다. 철든 어머니가 투정하는 것 보았습니까. 철이 든 어머니는 밤낮 감사하는 것이고, 철이 없는 어린애는 밤낮 불평만 하는 것이고, 그래서 나는 감사라고 하는 것은 철이 드느냐, 안 드느냐에 따라서 결정된다고 생각합니다. 만일 여러분 마음속에 아직도 감사하는 마음이 생기지 않는다면 곧 반성해야 됩니다. "내가 아직 철이 덜 들었나" 하고 말입니다. 그러나 여러분 마음속에 감사가 넘치게 되면, "아! 그래도 내가 어느 정도 철이 들었구나" 그렇게 생각하면 될 것입니다.

제 2 부
1982년 설교

네 안에 있는 빛이
어두움이 아닌가 살펴보아라.
문제의식이 없는 사람은
암흑이요 지옥이다.
문제의식이 천국에 들어가는 문입니다.
천국 가는 길을 묻는 이에게
시냇물로 들어가라고 했습니다.
나는 문제의식으로
들어가라고 합니다.

하나님의 이름

1982년 6월 13일

요한복음 1:18

일찍이 하나님을 본 사람은 없다. 그런데 아버지의 품 안에 사신 외아들로서 하나님과 똑같으신 그분이 하나님을 알려 주셨다.

지금 우리나라에서는 '하나님'이냐, '하느님'이냐 하는 문제가 있지만 성경에 보면 하나님의 이름이 두 가지가 있습니다. 하나는 "엘리 엘리 라마사박다니 — 나의 하나님, 나의 하나님 어찌 나를 버리십니까"의 '엘리'라는 말과 성경에 '여호와'라고 되어 있고, 요새 번역에 '야훼'라고 하는 '여호와' 또는 '야훼'라는 이름이 있습니다.

크리스마스 때 "임마누엘이라고 하라"라는 '임마누엘'은 하나님께서 우리와 함께 계신다는 뜻이니까 '엘' 이라는 것은 하나님이라는 것을 알 수가 있습니다. 그리고 크리스마스 때 '할렐루야' 할 때의 '야' 도 야훼의 '야' 라는 것을 알 수가 있습니다.

또 가나안 복지를 모세 다음으로 인도해 온 사람이 여호수아인데, 여호수아도 여호와가 구원한다, 그런 뜻입니다. 그러니까 '여호수아' 라는 말을 짧게 줄인 것이 예수라는 말인데 이 예수란 말도 야훼께서 구원하신다는 뜻입니다.

그리고 엘리와 야훼를 합친 말도 있는데 엘리야, 바알의 제사장들과도 싸운 선지자 엘리야, '엘리' 라는 것은 하나님이요, '야' 는 야훼의 하나님이요, 여기에는 하나님이란 말이 두 번 들어가 있습니다. 그래서 그것을 번역하면 야훼가 엘리라는 말이지요.

우리가 늘 교회에 다니면서도 이런 말을 이미 아는 것처럼 그대로 지나가는데 나도 깊이 아는 것은 아니지만 과거에 목사님들한테 들었던 이야기들을 여러분에게 또 전달해서 대개 기독교의 상식적인 것을 알고 지나가자는 의도에서 말씀드리는 것입니다.

언젠가 내가 충청도 예산에서 얼마쯤 들어간 무량사라는 절에 갔었는데 그 절에 '극락전' 이란 현판이 걸려 있었어요. 그래서 거기에 있는 주지 스님더러 "여기에 모신 부처님은 무슨 부처님이지요?" 물었더니 "아미타불입니다." 그래서 "왜 여기에 아미타불을 모셨습니까?" 하고 물었더니 "옛날 사람들이 그렇게 한 것을 어떻게 압니까?" "그럼 아미타불이란 말은 무슨 뜻입니까?" 하고 물으니까 "그것도 무슨 뜻인지 모릅니다." 그래서 또 "당신은 이 절의 주지로 몇 해를 있었소?" 그랬더니 40년 있었다고 그래요. 그러니까 40년을 거기에 주지로 있으면서도 아미타불이 무슨 뜻인지도, 아미타불을 왜 거기에 모셨는지도 모르고 살아왔다는 거지요.

그런데 '아미타阿彌陀'는 '무량수無量壽'라는 말이니, 아미타불은 '무량수불'이 되는 거지요. 그래서 그 절의 이름을 무량사라고 그런 거지요. 그런데 아미타불이 있는 데가 극락이니까 그 집은 극락전이라는 뜻이지요.

그러니까 자칫하면 우리의 종교 세계 속에서도 이런 실수들이 더러 있습니다. 그래서 그리스도가 무슨 뜻인지 모르고 그리스도라는 말을 하는 사람이 많아요.

그래서 엘리라는 말, 야훼라는 말을 생각해 보고, 그리고 전에는 여호와라고 하다가 요새는 야훼라고 하는 이유를 생각하고 지나가야겠습니다.

'엘리'라는 말은 '신神'이라는 말이지요. 그런데 '엘'이라는 말은 '힘'이라는 뜻입니다. 사람들이 약해질 때 힘을 구하는 거니까 "엘리 엘리 라마사박다니" 하는 말은 "힘이여, 힘이여, 어찌 나를 버리시나이까"라는 뜻이 됩니다. 그래서 힘이 많을수록 좋으니까 힘을 복수로 써서 '엘로힘'이라는 말을 구약에는 많이 쓰고 있습니다. 옛날 사람들은 힘이 바람에도 있다, 번개에도 있다, 태양에도 있다고 해서 힘이 있는 것을 다 엘이라고 말하는 것이지요. 우리말로는 산신山神, 태양신, 월신月神, 다 엘이지요. 엘이란 말을 아랍 사람들은 '알라(Allah)'라고 합니다. 그러니까 우리말로 하면 '얼'이란 말과 비슷할 것 같습니다. '엘'이나 '알'이나 '얼'이나 다 같이 '힘'이란 말이지요.

그래서 처음에는 자연에 힘이 있을 것 같아 자연숭배가 많았지요. 이집트 사람들은 태양을 숭배했고, 바빌론 사람들은 달을 숭배했는데, 이것은 낮은 것이지 신이라고 할 수가 없지요. 그래서 "내 앞에 다른 신을 섬기지 말라"고 했는데 이 다른 신은 자연숭배겠지요. 그리고 자연숭배를 나중에는 조각을 만들어서 집에 모시고 절하고 하니까 "우상을 섬기지 말라"는 말로 되었겠지요.

그런데 사람들이 깨어서 자연이란 사람보다 낮은 것이다, 라는 생각을 가지게 되자, 또 사람 가운데서 센 놈을 신이라고 하고, 그래서 능력이 있는 존재를 영어로 '캔(can: 할 수 있다)', 그런 사람이 킹(king: 왕)이 되는 거지요. 왕이 신 노릇을 하는 거지요. 로마의 왕을 그때는 신이라고 했어요. 일본의 왕도 신이라고 하고, 왕, 힘, 하는 것이 몽고 사람은 칸(Khan 汗)이라고 하고, 그것이 중국에 오면 징기스칸[成吉思汗], 칸국[汗國]이니, 칸도 사실은 신이라는 말이나 같은 뜻입니다. 그것이 다 힘을 상징하는 거지요.

그러나 나중에 사람들이 더 똑똑해져서 사람들은 모두 같고, 우리 사람보다 더 높은 힘 있는 분이 바로 하늘에 계신 하나님이다, 라는 생각을 하게 된 것이지요. 그래서 자연신, 인간신을 찾다가 나중에는 하나님을 찾는 것이지요.

하늘은 높고, 하나고, 더욱이 우주 자연을 만드신 분은 하나이지 여러분이 될 수가 없다. 그래서 하나님이란 말이 나오게 되었겠지요. 그런데 요새 '하느님'이란 말은 아마 하늘에 계시다고 해서 그렇게 말하겠지요. 그러니까 요새 하나님이라는 말은 본래 엘이란 말이 결국은 우리말로 번역되어 하나님으로 되지 않았나, 그렇게 생각을 합니다. '엘', 그것을 우리말로 하면 우주를 창조하신 하나님이라는 뜻이니까 하나예요. 그러나 우리가 이 하나라고 할 때 생각할 것은 절대의 하나이지 작은 하나는 아니지요.

에디슨은 주일학교 때에 "하나님은 한 분밖에 안 계시다. 하나님 이외의 것은 전부 다 우상이고 거짓이다." 이렇게 배우다가 초등학교에 가서 산수 선생님이 하나에다 하나를 더 하면 둘이다, 라고 가르치니까, 그는 그것을 이해할 수가 없다고 해서 퇴학을 맞았다는 것을 아닙니까. 그래서 에디슨의 어머니가 너는 왜 하나에다 하나를 더하면 둘이 되는 것을 모르느냐 그랬더니, 하나는 하나밖에 없어서 하나일 텐데 어디에 또 하나가 있다는 것인지 그걸 모르겠다고 했지요. 역시 에디슨은 천재지요. 절대적인 하나와 상대적인 하나를 벌써 어린애가 구별할 수 있었으니까요.

우리가 하나님 한 분을 말할 때는 절대적인 하나를 말하는 것이지 상대적인 하나를 말하는 것이 아니지요. 그리고 야훼는 엘과는 다른 말입니다. 이것은 유태사람들의 독특한 신입니다. 모세에게 나타난 신, 유태사람이 신이 야훼 또는 여호와입니다. 그는 무서운 신입니다. 십계명 3조에 "야훼의 이름을 망령되이 부르지 말라" 하여 유태사람들은 몇 천 년을 야훼의 이름을 불러 본 적이 없답니다.

성경책에도 하나님의 이름을 적을 때에는 적기는 적지만 모음은 모두 다 빼버리고 자음만 남아 있기 때문에 발음을 할 수가 없답니다. 혹시 누군가 발음을 하다가 망령되이 부를까봐 아주 철저히 뺐답니다. 그러니까 그 글자가 나오면 성경을 읽다가 딱 멈추고, 좀 있다가 또 읽고, 그럴 때는 모든 사람들이 아, 지금 하나님의 이름 그 자리구나, 그렇게 안다는 거지요. 나는 그것도 좋다고 생각해요. 이렇게 움직이다가 딱 멈춘다는 것, 음악에서도 가다가 딱 끊어지는 것, 그런 것이 있는 음악이 멋있잖습니까.

현대 사람들은 자꾸 움직이는 것을 좋아하여 딱 끊는 것, 혹은 가만히 앉아 있는다든가 하는 것은 잘 못해요. 우리가 예배를 보는 것이 좋은 것이 여러분이 단 한 시간이라도 가만히 앉아 있다는 것, 또 기도할 때 단 5분이라도 조용히 앉아 있어서 바늘이 떨어지는 소리라도 들릴 수 있을 정도가 되는 것이 좋은 것이죠. 그래서 나는 기도할 때는 들어오는 사람도 뒤에서 기다렸다가 기도 끝난 다음에 들어오라고 그러지요.

키에르케고르는 "현대인의 병은 침묵을 가질 수 없는 것이 병이다"라고 말했어요. 적어도 침묵을 가질 수 있는 사람은 건강한 사람이지요. 정신적으로 건강한 사람입니다. 한 시간 아무 잡념 없이 무념 무상할 수 있다는 것은 건강한 사람입니다. 밤에도 아무 꿈 없이 잘 잘 수 있다는 것은 건강한 사람이지요. 일체 깨서는 잡념이 없고, 밤에는 꿈이 없고 그렇게 되면 참 사람이라고 하는 것이지요. 그래서 우리가 하루에 단 한 시간이라도 기도 시간을 가진다는 것은 중요한 것입니다.

그러나 나중에 야훼라는 글자가 나오면 주님이라고 읽었답니다. 주님이라는 말이 유태 말로 '아드나이'라는 말인데 나중에는 야훼의 자음하고 아드나이의 모음하고를 겹쳐 가지고 읽어 여호와가 되었나 봅니다.

그렇게 읽었었는데 요새의 학자들이 읽으면 제대로 읽지 주님이란 말의 모음과 자음을 섞어서 읽을 것이 무엇이 있나. 진짜로 한번 읽어 보자고 해서 연구하는데 출애굽기 3장에 모세가 하나님을 만나는 장면에 있습니다. 광야의 가시덤불에 불이 붙어서 모세가 깜짝 놀라서 가서 보니까 불은 붙는데 나무는 타지를 않는다. 그것도 좋은 말이지요. 무위자연無爲自然, 이렇게 표현할 수가 있지요. 그래서 모세가 이것이 어떻게 된 일인가 하고 깜짝 놀라서 바라보는데 그때 하나님의 목소리가 들려 왔다. 내가 이스라엘 사람들이 이집트에서 얼마나 고생하고 있는지를 안다. 그래서 내가 이스라엘 사람들을 구원해 주겠다. 이것이 여호수아라는 말, 예수라는 말, 여호와께서 구원한다는 말이지요. 내가 너를 애급 왕 앞에 사신으로 보내겠다. 그러니까 모세가 그 애급 왕이, 너는 누가 보내서 왔느냐고 물으면 뭐라고 대답해야 합니까. 당신의 이름은 무엇입니까. 그럴 때 하나님의 답변이 "나는 있고 있는 자다." 그것을 한문자로 '존재存在' 라는 말로 씁니다. 하이데거는 존재存在와 존재자存在者를 구별할 줄 알아야 한다고 말했는데, 그것은 창조주와 피조물을 구별할 줄 알아야 된다는 것이고, 우상을 섬기면 안된다는 말이지요.

그러니까 존재는 모든 존재자를 존재하게 하는 그분이 존재다. 그래서 창조주인데, '있고 있는 자' 이다. 그 말이 유태 말로 에웨라는 말입니다. 그 에웨라는 말을 3인칭으로 '그분은 계신다' 고 말할 때 그것은 유태 말로 야훼라는 말이 된답니다. 그러니까 야훼라는 말은 존재라는 말의 3인칭인 것을 알 수 있는데 존재라는 말은 결국 생명의 근원이지요. 우리가 be 동사를 쓸 때 to be or not to be(사느냐 죽느냐), 그러니까 생명의 근원이지요.

내가 미국의 유태 말 학회의 회장을 하는 사람을 만났었는데 "야훼라는 말이 무슨 말인가?" 하고 물었더니 그 사람의 대답이 "그것은 생명의 근원이란 말이다." 그래서 "우리나라에서는 아버지, 어머니를 합쳐서 '어버이'라고 말하는데 어버이란 말과 '야훼'란 말과 같은 뜻인가?" 그랬더니 "같은 뜻인데 어떻게 당신 나라에 유태 말이 갔느냐?" 그렇게 되물었어요. 그러니까 어버이를 예수님께서는 아버지라고 고친 것 같아요.

아까 힘, 엘리는 높은 데를 생각하니까 하늘에 계신, 이렇게 되고, 야훼는 어버이, 아버지가 되어서 땅에 계신 아버지, 우리에게 가까운 하나님 자신을 보여 주시는 하나님, 할 때 야훼라는 하나님인 것 같습니다. 그러니까 야훼라는 것을 한문자로 존재라는 뜻인데 계시자, 생명의 근원, 우리 어버이라는 뜻입니다. 그렇게 알아 두면 과히 틀리지 않을 것 같습니다. 그래서 야훼란 말이 아버지라는 뜻이라고 해도 틀림이 없는 것 같습니다.

그러면 엘이라는 말은 힘이라는 뜻이고, 야훼라는 말은 계시자란 뜻이다. 그러니까 중요한 것은 엘리아, 즉 야훼가 하나님이다 하는 말입니다. 모세가 엘리 엘리, 하고 찾을 때 나와서

"내가 너희를 구원해 준다" 하고 대답하는 이가 야훼입니다. 응답하시는 하나님이지요. 그래서 어떤 성경에서는 "나다." 또는 "스스로 있는 자다." 그러니까 야훼라는 말은 구원자 하나님이지요. 인류의 부르짖음에 응답하는 소리지요. 집에서도 대문 밖에서 "나다" 하고 조그만 애들은 말할 수가 없는 거지요. 이름이란 것이 저녁 석夕 자 밑에 입 구口 자예요. 저녁의 어두울 때 수가 많아서 누군지 구별할 수가 없을 때 영숙이니 영식이니 하고 갈라서 이름이지요.

그런데 우리 집의 아버지 그러면 아버지는 한 분인데 누가 이름을 붙일 수가 있습니까. 그러니까 하나님께는 이름이 필요 없는 거지요. 그저 아버지면 다지요. 나는 지금까지 우리 아버지의 이름을 불러 본 적이 없어요. 어떻게 감히 아버지의 이름을 부릅니까. 아버지의 이름은 부를 수도 없지만, 부르면 망령되이 부르는 거지요. 하나님께는 사실 이름이 없는 거지요. 있을 필요가 없는 거지요.

왜 하나님의 이름이 필요합니까. 많을 때 구별하기 위해서 이름이 필요하지 하나님 한 분 계신데 누구하고 구별합니까. 그러니까 하나님의 이름은 있을 필요도 없거니와 이름이 없는 거지요. 그러니까 우리는 온 인류가 "하늘에 계신 우리 아버지" 그러면 다지 그 이상은 없습니다.

그런데 엘리라는 말은 사람 편에서 찾는 것이고, 아까 유태사람들이 야훼라는 말을 강조하는 것은 하나님 편에서 자기를 보여 주는 것이지요. 나다 그러고 나타났다. 그러니까 계시의 하나님이지요. 하나는 이성의 대상인 하나님, 우리가 이런 힘 있는 존재가 있을 것이라고 해서 찾는 하나님인 반면 야훼는 계시하시는 하나님, 나를 보여 주시는 하나님, 그것이 중요한 거지요. 계시할 수 있다는 것은 대단한 것입니다. 요전에 선생과 스승은 다르다는 말을 했는데 선생은 엘리 같은 것이고, 스승은 야훼 같은 존재지요. 선생은 아는 사람이고, 스승은 통한 사람이지요.

여러분 중에 영어 선생님들이 많을 겁니다. 대개 여러분들은 영어 선생님이에요. 그러나 저기 앉아 있는 크레인 선생님은 스승이지 선생님이 아니에요. 영어에 통한 사람이지요. 그러니까 통한 사람과 아는 사람과는 다르잖아요. 통한 사람만이 자기 자신을 계시할 수가 있지, 통하지 않은 사람은 계시할 수가 없습니다. 그래서 야훼, 엘리가 최고가 되는 거지요.

나는 요즈음 붓글씨를 쓰는데 내가 찾은 것은 선생님인데 실상은 스승을 만났어요. 우리 스승님은 자기 자신을 계시해 주세요. 내게 시를 쓴 작품 하나를 주셨는데 그 글을 가만히 보면 거기에 다섯 가지 특징이 있습니다. 하나는 살았어요, 둘째는 나는 것 같습니다. 약동, 생명의 약동, 셋째는 글씨가 깨끗해요. 넷째는 글씨가 한결같습니다. 다섯째는 빈 데가 없습니다. 이것을 '서도書道'라고 하는데, 도의 세계를 우리에게 보여 주는 것입니다. 도의 세계란 살아 있고, 약동하고, 깨끗하고, 한결같은 거고, 빈 데가 없는 거지요. 이 다섯 가지가 도의 세계인데 야훼라고 하는 하나님께서 계시해 준 하나님은 역시 스승처럼 통한 분입니다. 계시의 하나님이지요. 구약성경을 읽어보면 다섯 가지가 있는데 생명의 하나님, 약동의 하나님, 얼마나 약동하나 하면 질투한다고까지 썼습니다. 깨끗한 하나님, 거룩한 하나님입니다. 이 땅은 거룩하니 신발을 벗어라. 그 다음에는 유일신의 유일한 하나님, 그리고 영적인 하나님입니다. 야훼란 말을 통해서 우리에게 계시된 속성은 생명, 사랑, 성결, 유일, 성령의 다섯 가지입니다.

그런데 이 다섯 가지의 속성을 사람이 하나의 생활로써 보여 준 분을 우리는 예수 그리스도라고 합니다. 예수 그리스도는 우리에게 하나님의 속성을 보여 주었지요. 말하자면 예수 그리스도의 삶 자체가 하나의 작품입니다. 예수 그리스도라는 분은 살았습니다. 약동합니다. 깨끗합니다. 순수합니다. 그리고 신령해요. 그런데 "나를 본 자는 하나님을 보았다"는 말씀이 요한복음 14장 7절에서 8절에 있습니다. 요한복음 1장 18절에 보면 지금까지 하나님을 본 사람은 아무도 없는데 오직 독생자이신 예수님께서 하나님을 나타내셨다고 하니까 예수님 자신이 우리에게 구체적으로 나타난 하나의 계시라고 할 수 있지요. 야훼가 예수가 되는 것이지요.

　스승의 마음이 작품으로 구체화되듯이 하나님의 내적인 세계가 하나의 인간의 세계에 작품으로 구체화된 분을 '예수 그리스도'라고 합니다. 그것이 말씀이 육신이 된 것이지요.

　우리가 예수를 믿는데, 그러니까 예수가 오시기 전에 나타난 예수가 야훼입니다. 야훼는 엘의 계시자이지요. 유태사람이 뽐내는 것은 자기들은 추상적인 신을 가진 것이 아니라 구체적인 신을 가졌다는 것입니다. 자기들은 방법을 가지고 있다. 과학자들이 달에 도달하는 방법을 가지듯이 유태사람들은 엘에 도달하는 야훼를 가졌다는 것이지요. 그래서 그들이 선민이라는 것입니다. 우리에게 필요한 것은 구체적인 것입니다. 야훼 예수가 작품 계시이듯, 우리도 한번 거룩한 작품이 되어 보자는 것입니다. 내 생이 하나의 거룩한 작품이 되어서 내 생이 하나의 깨끗하고, 살았고, 그래서 스피노자는 "어진 사람은 사는 것을 생각하지 죽는 것을 생각하지 않는다. 하나님이 계신 곳에는 일체가 살았다." 또 예수님께서는 "내 속에서는 생명의 샘이 강같이 흐른다"고 했습니다.

　여러분이 야훼라는 속에는 계시라는 뜻이 들어가 있다는 것, 엘이라는 뜻에는 사람이 찾는 인간의 소망이 포함되어 있다는 것을 알고, 하나님 아버지, 그럴 때는 하나님은 인간이 찾는 신이고, 아버지 그럴 때는 아버지께서 우리에게 보여주는 내적인 계시라고 생각해 두면 엘리라는 말과 야훼라는 말의 대충의 의미는 이해될 것 같습니다.

예수의 이름

1982년 6월 20일

사도행전 4:8~12

 이 예수는 집짓는 사람들 곧 여러분에게 버림을 받았지만 모퉁이의 머릿돌이 되신 분입니다. 이분을 힘입지 않고는 아무도 구원받을 수 없습니다. 사람에게 주신 이름 가운데 우리를 구원할 수 있는 이름은 이 이름밖에는 없습니다.

 하나님의 이름에는 '엘리'와 '여호와' 또는 '야훼'라는 두 가지가 있습니다. "엘리 엘리 라마사박다니", "나의 하나님이여 나의 하나님이여, 어찌 나를 버리시나이까?" 여기서의 '엘리'라는 말은 우리가 임마누엘 할 때 '엘'이라는 말, 그런 이름이 하나입니다. 또 옛날 성경에는 '여호와'라고 번역되었고, 요새 새로 번역한 성경에는 '야훼'라고 번역이 된 야훼라는 이름이 또 하나 있습니다.

예를 들면 '할렐루야'에서 '야'라는 것이 하나님을 찬양하는 뜻, 즉 야훼라는 뜻입니다. 그래서 결론은 '엘리'라는 말의 뜻은 '힘'이란 말이고, '야훼'라는 말의 뜻은 '존재'라는 것, 즉 '있다'는 것인데 그 두 마디가 우리에게 풍겨주는 것은, '엘리'라는 것은 '사람이 찾는 하나님'이고, '야훼'라는 것은 '하나님께서 우리에게 보여 주시는 하나님', 다시 말해서 계시의 하나님을 야훼라 하고, 우리가 찾는 하나님을 엘리라고 하는 것입니다. 그러므로 기독교에서 제일 중요한 것은 엘리가 아니고 야훼입니다. 그래서 야훼만이 엘리다, 이렇게 말할 때에는 엘리야라고 하는데 그것이 중요한 것입니다.

키에르케고르가 이런 말을 했습니다. 세계에는 크게 나누어 세 가지의 종교가 있는데, 하나는 "Man is God." 곧 사람은 하나님이다. 또 하나는 "God is God." 곧 하나님은 하나님이다. 또 하나는 "God is Man." 곧 "하나님은 사람이다"라는 종교가 있습니다.

그런데 동양의 모든 종교는 제일 단계 '사람은 하나님이다'라는 종교이며, 중동의 모든 종교는 '하나님은 하나님이다'라는 종교이며, 서구의 기독교는 '하나님은 사람'이다, 라는 종교입니다. 이렇게 종교를 세 가지로 나누었습니다.

따라서 기독교의 특징은 '하나님은 사람'이다, 라는 범주, 그런 카테고리에 속한다는 것입니다. 그러나 '하나님은 사람'이다, 라는 것을 키에르케고르는 "말씀이 육신이 되었다"고 생각하였습니다. 요한복음에 "말씀이 육신이 되었다." "하나님이 사람이 되었다." 빌립보서에도 "예수님이 하늘에서 땅으로 내려와 십자가를 지셨다"는 그런 내용입니다. 그러니까 하나님이 사람이 되신 것, 이것이 기독교의 특징입니다.

결국은 계시의 종교라는 것입니다. 계시의 종교, 즉 사람이 하나님을 찾는 종교, '엘리'가 아니라 하나님께서 사람에게 보여 주는 종교, 이것이 '야훼'라고 말할 수 있습니다.

그러면 예수님의 이름은 몇 가지가 되나 생각해 보면 여러분도 다 알다시피 예수님은 두 가지의 이름을 가지고 계십니다. 하나는 '예수'라는 이름이고, 또 하나는 '그리스도'라는 이름입니다. 사도행전 2장 36절을 보면 "너희들이 십자가에 못 박아 죽인 예수를 하나님께서는 그리스도로 삼으셨다"라고 되어 있습니다. 또 예수님께서는 직접 헬몬이라는, 높은 산에 올라가기 전에 자기 제자들 보고 "너희들은 나를 무어라 부르냐"고 물었을 때 ─ 마태복음 16장에 있습니다 ─ 베드로가 "당신은 살아 계신 하나님의 아들이요, 그리스도이십니다"라고 대답하였습니다. "살아계신 하나님의 아들이요 그리스도다." 즉 예수라는 말은 하나님의 아들이라는 것입니다. 그리고 그리스도는 그리스도, 그러니까 예수 그리스도는 하나님의 아들, 그리스도라는 말입니다.

　좀 더 알기 쉽게 말하면 그리스도는 기름 부음을 받았다는 뜻입니다. 기름은 왕이나 예언자, 제사장에게 부어 주었습니다. 왕이나 예언자나 제사장이나 그런 사람은 이 세상의 힘 있는 지도자들입니다. 정치적으로나, 학문적으로나, 사회적으로나 한 사람의 지도자들, 달리 말하면 이 사회의 주인이 되는 사람들입니다. 그런 사람들에게 기름을 부어 준 것입니다.

　그리스도라는 말은 이 세상을 바로 지도해 가는 사람들, 이 세상을 일깨워 주는 사람들, 이 세상 사람들이 잘못하면 회개시켜서 바로 살게 해 주는 사람들, 이들이 왕이요, 예언자요, 제사장입니다. 더 쉽게 말하면 구원자, 이 세상을 구원하는 사람들이 그리스도라는 것입니다. 구원자 혹은 구세주, 이 구세주라는 말을 유태어로는 '메시아'라고 부르는데 메시아를 희랍 말로 옮겨 놓으면 그것이 그리스도라는 말이 되는 것입니다.

　예수는 '여호수아'라는 말입니다. 여호수아라는 말은 "하나님이 구원하신다." 좀 더 쉽게 말하면, "하나님의 힘을 가진 사람", 더 쉽게 말하면 "하나님의 아들", "하나님과 같이 있는 사람", 너희 이름을 임마누엘이라 하여라. 그래서 그 말을 듣고서 예수라고 지었다는 내용이 마태복음 1장에 나오죠. 임마누엘은 예수와 같은 것입니다. 그 이유는 신명기 31장 8절에 모세가 여호수아에게 복을 빌어줄 때 "이제부터 하나님께서 너와 같이 한다." 임마누엘이죠. 하나님께서 너와 같이 한다. 너의 이름을 여호수아라 하여라. 그러니까 임마누엘과 여호수아는 같은 말입니다.

즉 야훼라는 말이 존재라면 이 예수라는 말은 요새말로 '현존재' 라는 말입니다. '현존재' 이것은 존재를 드러내는 존재를 말하는 것입니다. 하나님을 드러내는 존재, 쉽게 말하면 하나님의 아들, 나를 본 자는 하나님을 보았다. 즉 현존재입니다. 하나님을 드러내는 존재를 우리는 하나님의 아들, 당신은 살아 계신 하나님의 아들이요, 이것이 예수입니다. 그러니까 하나님의 이름이, 야훼라는 그 말이 예수에 와서는 예수가 되는 거죠. 하나님이 야훼이면서 엘리인 것처럼 예수는 예수이면서 그리스도가 되는 것입니다.

그래서 야훼, 엘리, 예수, 그리스도, 그런데 그중에서 가장 중요한 것은 엘리보다는 야훼이며, 그리스도보다는 예수가 더 중요합니다. 예수라는 것은 계시자라는 뜻입니다. 야훼는 계시자, 즉 하나님께서 우리에게 보여 주시는 것이고, 엘리나 그리스도는 사람이 찾아가는 것, 그러니까 우리가 찾던 그분이 직접 자기를 나타내시고 보여 주신다는 뜻입니다. 그러므로 야훼가 더 중요하고, 예수가 더 중요합니다.

제가 언젠가 설교할 때, 우리 선생님이 저에게 "너는 그리스도를 믿지 말고, 예수를 믿어라"라는 말을 하더라고 하였더니,

어떤 젊은이가 나에게 그 말이 무슨 뜻인지 물었는데, 그 대답을 오늘 하고 있습니다.

우리에게 필요한 것은 예수이고, 우리에게 필요한 것은 야훼이지, 엘리도 아니고, 그리스도도 아니다. 아니라고 하는 것은 좀 우습지만 어쨌든 이쪽이 더 중요하다는 것입니다. 그러니까 엘리, 그리스도는 목적이고, 야훼, 예수는 방법이라고 생각하면 됩니다.

성경에는 예수에 대한 말이 많이 있습니다. 예를 들면 사도행전 4장 12절에 보면 이 세상에서 예수의 이름 빼놓고는 다른 구원받을 이름이 없다는, 그런 말이 있습니다. 아주 예수의 이름만이 절대적이라는 것입니다. 그리고 사도 바울이 그리스도를 만났을 때, 부활하신 그리스도를 만났을 때, 그때 그리스도가 "나는 네가 박해하는 예수다"라고 말하였습니다. 이것은 '현존재'라는 것입니다.

또 사도행전 21장에 사노 바울은 "나는 이 이름 때문에(예수라는 이름 때문에) 지금 감옥에 갇혀 있는 것뿐만 아니라 내가 죽기를 각오했노라"고 하였습니다. 또 빌립보서 2장을 보면 "하늘 위에나, 하늘 밑에나, 땅위에나, 땅 밑에나 모든 만물이 예수라는 이름 앞에 무릎을 꿇고 예수를 주라고 받들 것이다" 하는 구절이 있습니다.

또 빌립보서 3장 8절을 보면 "세상에 이 예수라는 이름을 아는 것이 가장 최고의 지식이다." 또 12절에는 "나는 예수에게 사로잡힌 몸이다." 이런 말이 있습니다. 이건 모두 예수를 강조하는 것입니다. 여러분께서 아셔야 할 것 같아 이 말을 하는 것입니다.

그래서 철학적으로 예수라는 것은 시간을 말합니다. 태양도 중요한 것입니다. 그리고 사철, 춘하추동도 상당히 중요합니다. 만일 춘하추동이 없으면 농사도 짓지 못합니다. 그러니까 시간과 존재라는 말은 춘하추동과 태양이라고 해도 되는 것입니다. 따라서 춘하추동은 상당히 중요하며, 춘하추동이 없으면 시간이 없는 것입니다. 다시 말해서 역사라는 것이 없는 것입니다. 그러므로 기독교는 역사적인 종교라는 것입니다. 예수는 역사적인 실존, 즉 예수라고 합니다. 그러니까 우리 기독교가 다른 사상과 다른 것은 역사적이라는 것입니다. 불교 속에는 역사성이 없습니다. 불경에 보면 그저 맨 처음에 일시—時에 어떻게, 어떻게 했다, 또 그다음에도 일시에, 또 그렇게 나오므로, 거기에는 역사라는 것이 없는 것입니다. 하지만 우리 기독교에는 역사라는 것이 있습니다. 역사라는 것은 태초에 하나님께서 우주를 창조했다. 시작이 있고, 쭉 역사가 있고, 마지막에 심판을 한다. 이런 결말이 있는데 불교에서는 시간이라는 것을 원으로 봅니다. 그러나 기독교에서는 시간을 똑바른 직선으로 생각합니다. 여기 역사라는 것이 전개가 되죠. 그래서 역사니 시간이니 예수라는 말을 쓰는 이유는 시간적인, 역사적인 존재라는 것 때문에 이런 말을 자꾸 쓰게 되는 것입니다.

그러므로 예수가 우리에게 하나님을 나타냈다고 할 때 하나님을 무엇으로 나타냈나. 그저 쉽게 말해서 하나님의 힘을 나타냈다고 한다면, 구약이라고 하는 것은, 유태 민족을 통해서 하나님의 힘이 나타났다는 것입니다. 하나님의 힘이 나타났다는 것은 그저 쉽게 이집트에 노예로 있던 유태 민족의 해방이죠. 그것은 피라밋을 짓던 유태 민족의 해방이죠. 피라밋을 짓느라고 노동을 하고 얻어맞았습니다. 그때 모세기 니다나시 호렙 산 밑에 가서 야훼를 만나는 것입니다. 그때 나는 있고 있는 자라고 말하지 않았습니까.

그리고 하나님께서 내가 이제부터 이스라엘 백성들을 구원해 주겠다. 그 구원자, 엘리죠. 쉽게 말해서 그리스도입니다. 야훼가 내가 이제 엘리가 되겠다. 즉, 내가 이제부터 구원해 주겠다며 성발 구원해 주었습니다. 그래 구원해 주는데, 즉 데리고 나오는데 이집트 군인들이 쫓아왔어요. 홍해 바다에 다 닿았는데 앞에는 바다요, 뒤에서는 군인들이 쫓아오는데, 이젠 모두 다 죽었구나 하고 생각할 때 모세가 지팡이를 들고서 바다를 내리쳤습니다.

바다를 내리쳤더니 홍해 바다가 갈라져 그 홍해 바다를 건너왔다. 이것이 제일의 야훼께서 엘리라는 것을 보여 준 것입니다. 그렇게 하여 광야에 가니 먹을 것이 아무것도 없었는데 하나님께서 메추리와 만나를 보내 주셨어요. 그래서 거기서 40년 동안이나 살게 되었다. 그것이 두 번째 엘리지요. 그것이 또 하나의 하나님의 힘이 나타난 것입니다. 세 번째 그 사람들이 먹고 입는 것이 걱정이 없으니, 정신적으로 해이해져서 다시 우상을 섬기고, 금송아지를 만들고 야단치게 돼요. 그때 모세가 시내산 꼭대기에 올라가 받은 것이 십계명입니다.

"내 앞에서 다른 신을 섬기지 말라." "살인하지 말라." "도둑질하지 말라." 말라, 말라, 자꾸 나오죠. 그런 십계명을 받습니다. 그 십계명을 받는 것이 세 번째 엘리입니다. 다음에야 요단강을 건너서 가나안 복지로 가는데 그것이 네 번째 엘리입니다. 모세 자신은 들어가지 못하고 여호수아에게 일임을 하게 됩니다. 이제 하나님께서는 너와 같이 있을 것이다. 임마누엘, 이제부터 너의 이름을 여호수아라 하여라. 여호수아는 그 민족을 이끌고 가나안 복지로 가서 젖과 꿀이 흐르는 그 곳에서 살게 되어 소위 유태 왕국을 세우는 것입니다. 홍해 바다, 만나, 십계명, 가나안, 이 네 가지를 유태사람으로서는 도저히 잊을 수가 없는 것입니다. 하나님의 은혜를 잊을 수가 없는 것입니다. 그리하여 유태사람들은 법궤를 만들어 그 속에 지팡이, 만나, 십계명을 집어넣어 예루살렘에 갖다 놓고서는 굉장한 집을 짓고, 그것을 예루살렘 성전이라 하였습니다. 그 성전의 핵심이 무엇인가. 하나님께서 자기들을 구해 준 은혜를 잊을 수가 없어 지팡이, 만나, 십계명을 제사하는 것입니다.

이 민족적인 대사건이 예수라는 인품에서 다시 한 번 되풀이 됩니다. 즉 재창조가 되는 것입니다. 이것이 예수께서 40일 동안 광야에서 기도하면서 사탄의 세력을 끊어 버리는 것입니다. 예수께서는 떡(보리떡) 다섯 덩이와 물고기 두 마리로 5천 명을 먹였을 뿐만 아니라 그 밖의 여러 가지 기사와 이적異蹟을 행하면서 사람들에게 복음의 말씀을 전해 주었습니다. 만나 대신에 하나님의 말씀, 즉 복음이 된 것입니다.

그다음에 시내산 꼭대기에서 모세가 받은 것이 십계명인데, 예수님이 골고다 산상에서 십자가를 지는 것입니다. 그러면 모세의 십계명과 예수의 십자가는 같이 재창조 되는 것이죠. 십계명을 통해서 구원한다. 누구든지 이 법을 지키는 자는 구원을 받는다. 이쪽에서는 누구든지 십자가를 믿으면 구원을 받는다. 같은 새창조입니다. 그리고 가나안에 들어가서 다윗 왕에게 자랑할 만한 새로운 나라를 세웠다. 이것이 예수에게 있어서는 갈릴리 해변에서의 새로운 부활입니다.

홍해 바다와 만나와 십계명과 가나안이 예수께 오면, 예수의 40일 금식기도와 복음의 전도와 십자가와 부활이라는 말하자면 예수의 현존재, 예수의 역사적인 실존이 나오게 되는 것입니다.

지금 우리의 역사를 말하면 3·8선이 딱 갈리는 것, 이것이 홍해 바다인 것입니다. 우리는 그 동안에 꽤 흥청거리며 살았어요. 우리가 10년 전, 20년 전만 해도 생각도 못할 자동차들이 오늘도 보면 교회 앞에 많이 와 있습니다. 높은 집들이 세워졌고, 이제는 우리도 여기서 올림픽을 개최할 수 있을 정도로 꽤 잘 살게 되었어요. 어떤 의미로 보면 만나를 받은 것입니다. 그런데 이제부터 우리가 해야 될 일은 일어서야 하는 것인데, 또 정신이 타락해서는 안 되겠죠. 우리에게 필요한 것은 다시 십계명을 받는 것입니다.

이 나라, 이 민족은 정직하고, 생각이 깊은, 그런 민족으로 바뀌어야 합니다. 우리가 앞으로 해야 될 과업은 남북통일을 하는 것입니다. 난 항상 "16세기는 이탈리아 시대, 17세기는 프랑스 시대, 18세기는 독일 시대, 19세기는 영국 시대, 20세기는 미국 시대, 21세기는 일본 시대, 22세기는 한국 시대"라고 말합니다. 즉 우리는 22세기를 맡아야 할 막중한 책임을 지고 있습니다.

우리가 그것을 하기 위해서 하여야 할 것은 이 나라, 이 민족이 십계명을 받아서 질서를 지키고 바로 사는 이런 수련 없이는 그러한 막중한 책임을 질 수가 없는 것입니다. 그렇게 십계명을 통해서 단결하여 우리가 남북통일을 하지 않으면 우리의 역사를 가지고 세계무대에 나가기는 어려운 것입니다.

그러므로 나는 우리 한국 교회가 해야 될, 한국에서의 책임이 상당히 중요하다고 생각합니다. 오늘도 많은 젊은이들이 여기에 나왔는데 이것도 놀랄 만한 일입니다. 내가 맨 처음에 대학교회에 왔을 때에는 우리 교인은 한 2백 명밖에 안 되었습니다. 그런데 지금은 이렇게 많이 모였습니다.

우리는 십계명, 즉 십자가를 통해서 새로운 삶을 전개하여야 합니다. 새로운 국민이 되어야 합니다. 그것이 우리가 앞으로 해야 할 가장 중요한 일입니다. 우리의 희망은 원대하여야 합니다.

휴전선은 우리에게 어떠한 의미를 가지니. 우리는 앞으로 이 휴전선을 없애고 남북통일을 하여야 합니다. 만주라는 땅은 원래 고구려 땅이었습니다. 사실 우리의 본토는 만주입니다. 중국과 담판을 지어서 우리의 본토를 찾아야 합니다. 그러므로 우리는 만주를 가지기 전에는 세계적인 국가로 발전할 수가 없습니다. 난 반드시 우리 고구려 땅을 되찾는 그 날이 올 것이라고 생각합니다.

하여튼 이 이스라엘 사람들의 네 가지 은혜는 예수로 집약되어 그리스도의 삶이 되어 가는데, 우리가 예수를 믿는다고 하는 것은 무엇인가. 우리의 삶 속에서 이 네 가지가 또 한 번 되풀이되어야 합니다. 우리의 삶 속에서, 이스라엘 삶 속에서 되풀이되던 그 바퀴가 예수에게서 되풀이되고 그리고 그 역사가 다시 내 삶에서 되풀이되어야 합니다.

나는 그런 면에서 이것을 동양의 숙어를 빌려서 쓰겠습니다. 내리친다는 지팡이 대신에 설 '입立' 자를, 만나 대신에 '불혹不惑' 이라는 말을, 그리고 십계명이라는 말 대신에 '천명天命' 이라는 말을, 가나안 복지라는 말 대신에 '이순耳順' 이라는 말을 쓰겠습니다.

이것은 공자의 말씀인데 30에 입立이요, 40에 불혹不惑이요, 50에 지천명知天命이요, 육십에 이순耳順이라, 그런 말이 있습니다. 우리가 30쯤 되면 일어서야 돼요. 한번 이집트를 집어 치우고, 새로운 국민으로서 일어서야 합니다. 그리고 40쯤 되면 아무것에도 흔들이지 않는 요지부동한, 하나의 마음을 가져야 합니다. 50쯤 되면 자기가 태어나서 이 세상에서 뭘 하여야 할지 사명을 한 번 느껴야 합니다. 그리고 60쯤 되면 그다음엔 하나님의 말씀을 들을 수 있는 가나안 복지를 알아야 됩니다.

그렇게 보면 우리 일생에서 30까지는 어떤 실수를 해도 괜찮다고 나는 생각합니다. 30까지는 다 용서해 줄 수 있습니다. 그러나 30세가 되면 일어나야 합니다. 왜냐하면 그만큼 살아 봤으면 이젠 인생이란 대강 알 수 있으니까요. 그래서 인생이 뭔지를 알아서는 똑바로 제 발로 서야 합니다. 이 개인의 독립 없이는 절대 국가의 독립이라는 것이 있을 수 없습니다. 그러므로 여러분도 한 사람 한 사람이 30세가 되면 딱 서야 되고, 40쯤 되면 만나를 가지고 살 줄을 알아야 합니다. 더 쉽게 말하면 하나님의 말씀으로 사는 사람이 되어야 합니다. 또 하나님의 뜻대로 사는 사람이 되어야 됩니다. 그래서 50쯤 되면 그다음엔 천명을 알아야 하며 반드시 내가 태어나서 무엇을 해야 할 것인가. 하나님께서 나를 세상에 내보낼 때 왜 보냈나를 확실히 알아야 하며, 나는 그것을 위해 왔다는 사명감이 있어야 하며, 그렇게 해서 60쯤 되면 하나님의 말씀을 들으면서 진리와 함께 기뻐하는 삶이 되어야 합니다. 거기에 완전한 자유가 있는 것입니다. 나는 이것이 인생이라고 생각합니다.

그런데 지금 일생으로 기는 이 역시를 하루 동인에 집약시켜야 합니다. 그래서 하루 동안에 그리스도의 일생이 내 속에서 이루어지면 하루 속에 영원이 있는 것입니다.

이스라엘 역사, 예수 그리스도의 생애, 나의 일생, 나의 하루, 이것들이 언제나 하나가 되어 즉 예수의 일생이나, 나의 일생이나, 나의 역사나, 나의 하루나 이것들이 하나입니다. 그렇게 될 때 우리는 믿음이라 할 수 있습니다. 믿음은 바라는 것의 실상이요, 보지 못하는 것의 증거입니다. 바라는 것의 실상과 보지 못하는 것의 증거가 언제나 하나가 되어서, 예수님의 일생과 내 일생과 예수님의 하루와 내 하루가 언제나 하나가 될 때 즉 그것이 믿음입니다. 요새는 동시성이라는 말을 쓰는데 예수라는 말은 시간성을 표현하는 것이라고 말할 수 있겠습니다.

성령의 이름

1982년 7월 4일

요한복음 14:15~18

 너희가 나를 사랑하면 내 계명을 지키게 될 것이다. 내가 아버지께 구하면 다른 협조자를 보내 주셔서 너희와 영원히 함께 계시도록 하실 것이다. 그분은 곧 진리의 성령이시다. 세상은 그분을 보지도 못하고 알지도 못하기 때문에 그분을 받아들일 수 없지만 너희는 그분을 알고 있다. 그분이 너희와 함께 사시며 너희 안에 계시기 때문이다. 나는 너희를 고아들처럼 버려두지 않겠다. 기어이 너희에게로 돌아오겠다.

 하나님의 이름에는 둘이 있는데, 하나는 '야훼'라는 이름과 하나는 '엘리'라는 이름입니다. '엘리'란 '힘'이란 뜻이고, '야훼'란 '존재'란 뜻입니다.
 '엘리'는 온 세상 사람들이 '신'이라고 하는, 그런 개념이고, '야훼'라는 개념은 유태사람들이 '살아계신 하나님'이라고 할 때 지칭되는, 그런 개념입니다.

　그래서 우리가 이런 신, 저런 신, 다 생각할 수 있지만, 우리가 믿는 신은 야훼이신 신이어야 하는 것이 우리 신앙의 한 조건이지요. 그리고 예수의 이름은 '예수'라는 말과 '그리스도'라는 말인데 '그리스도'란 역시 '힘 있는 자', '세상을 구원하는 자', '구세주'라는 뜻입니다.

　세상에는 구세주라고 하는 사람이 많은데 그 가운데서 우리가 믿는 구세주는 '예수'라고 하는 구세주입니다. 그래서 야훼이신 '엘리'를 우리가 믿듯이 예수이신 '그리스도'를 믿는 것이라고 두 번째 말을 했습니다. 그리고 삼위일체에 따라 오늘은 하나 또 더 말해야 하겠습니다.

　우리가 성령, 성신이란 말을 많이 쓰는데, 이 성령의 이름이 무엇일까. 요한복음 14장 16~17절에 "내가 이제 너희들에게 보혜사 성령을 보내겠다." 먼저 이름이 보혜사라는 것이 나오고, 그다음에 보혜사 성령을 너희에게 보내는데 이 성령은 '진리의 성령'이라는 말이 두 번째로 나옵니다. "진리의 성령이다. 세상 사람들은 이 성령을 알지 못한다. 그러나 너희들은 알고 있다. 너희와 같이 있고, 너희 안에 계시다"라는 말이 17절입니다.

　오늘은 '예수·그리스도, 야훼·엘리' 이 두 가지의 꼭 같은 원리로써, 그리스도라는 말 대신 진리, 예수님께서 특별히 "내가 너희에게 보낸다"는, 예수님이 보내신 성령입니다.

세상에 여러 가지 영들이 많은데, 많은 영들 가운데는 성령도 있을 것이고, 악령도 있을 것이며, 여러 가지 영들도 많겠지요. 무슨 종교나 미신치고 이러한 영에 대하여 말하지 않는 종교도 없거니와 미신도 없습니다.

이러한 영이라는 말 대신에 우리나라에서는 '얼'이라는 말을 쓰는데, 얼이라는 것에는 많은 종류가 있습니다. 그러나 우리가 믿는 얼은 어떠한 신비주의에서 말하는 얼도 아니고, 또 인도사람들이 말하는 얼도 아니며, 또 무슨 샤머니즘에서 말하는 얼도 아닙니다. 우리가 말하는 얼은 보혜사의 성령입니다. 그 얼은 어떤 얼인가. 진리의 영이다. 이렇게 확실히 알아야 합니다.

이런 것에 대해서 우리나라에서는 자꾸만 문제가 됩니다. 이 시대를 성령의 시대라고 부르는데, 그 이유는 예수님이 오시기 이전을 하나님의 시대, 그리고 또 예수님이 오셨을 때를 성자의 시대라고 하는데 또 예수님이 가셔서 이제부터는 보혜사 성령을 너희들에게 보낸다, 라고 할 때 우리는 성령의 시대라고 합니다. 그러니까 성령의 시대가 더 강조되어야 하겠지요.

그리고 보통 일반 종교학자들은 그리스도 이후의 시대라는 말을 하는데, 이 그리스도 이후의 시대라는 말은 성령의 시대라는 것입니다. 이런 말은 지금 기독교인이 아닌 사람들도 많이 씁니다.

예를 들면 니체 같은 사람은 "신은 죽었다"고 하였는데 여기서 '신은 죽었다' 하는 말은 "그리스도가 죽었다"는 뜻입니다. 그리고 그다음에 새로운 시대는 어떤 시대인가. 그것은 성령의 시대입니다 『차라투스트라는 이렇게 말했다』라는 내용도 거기에 있습니다.

예수의 시대는 지나가고, 성령의 시대가 왔다고 하여 기독교의 신학 가운데도 '신의 죽음의 신학' 이라는 것이 있습니다. 알타이저(Thomas J. Altizer) 같은 사람도, 신의 죽음의 신학을 말하고 있습니다. 얼핏 들으면 다 오해할 수 있는 말이지만, 그러나 그 사람들, 알타이저의 책이리든기 해밀턴(William Hamilton)의 책들을 읽어 보면, 그 사람들의 말이 엉뚱한 것은 아니고, 이 현대가 성령의 시대라는 것을 강조한 것뿐입니다. 무슨 말인가 하면, 하나님의 시대 — 예수님이 오기 이전의 시대니까 성경으로 말하면 구약 시대인데 — 즉 이 구약 시대에는 율법이 중심이 된 시대입니다. 지금도 유태사람의 예배당에 가 보면 모세의 오경을 읽고 있습니다.

모세 오경의 핵심은 율법입니다. 우리는 보통 율법의 핵심을 십계명으로 알고 있는데 이 십계명을 간추려서 예수님께서 하신 말에 의하면 "하나님을 사랑하고, 이웃을 네 몸같이 사랑하라"는 것이 됩니다. 그러니까 예수님께서도 "어떻게 하면 영생을 얻으리이까?"라는 물음에 "하나님을 사랑하고 이웃을 네 몸같이 사랑하라" 그런 말을 했어요. 그러니까 율법이란 것을 한

마디로 말하자면 그렇게 되는 것입니다. 예수님이 받은 전통도 율법이고, 또 예수님이 가르친 것도 율법입니다. 그래서 예수님은 "내가 율법을 폐하러 온 것이 아니라 율법을 완성하러 왔다"고 말씀하셨습니다.

그러나 예수님이 십자가를 진 후에 사도 바울이 나와서 "이제는 율법이 쓸데없게 됐다. 이제는 복음이 필요하다. 그러므로 복음을 믿어라"라고 계속 주장하였습니다.

먼저 율법의 핵심은 하나님을 사랑하고, 이웃을 사랑하는 것이지만 복음의 핵심은 무엇인가. '십자가와 부활'이 복음의 핵심입니다. "십자가를 믿어라. 부활을 믿어라. 믿으면 된다. 그래서 행함으로 구원을 얻는 게 아니고, 믿으면 구원을 얻는다"는 말을 바울이 계속해서 쓰고 있는 것이지요. 그래서 '믿음으로 구원을 얻는다'는 말이 거의 모든 한국 교회의 통일어가 되었습니다.

그런데 바울이 간 후에 요한이 나왔는데 그는 사도 바울이 지나간 후에 새로 일어난 교회를 맡아 지도하던 사람으로 요한복음을 쓰고, 요한계시록을 쓰고, 요한 1, 2, 3서를 썼습니다.

그때 요한이란 사람의 생각은 믿음이 아니고, 말씀입니다. 요한복음 1장 1절에 태초에 말씀이, 말씀이 하나님과 같이, 말씀이 곧 하나님입니다. 만일 요한이란 사람이 바울 식으로 말한다면 '믿음'으로 구원을 얻는 것이 아니라는 말입니다. 그럼 무엇으로 구원을 얻느냐. 그것은 '말씀'으로 구원을 얻는다고 할 수 있습니다. 그러나 우리 한국 교회는 계속 '믿음'으로 구원을 얻는다는 말을 지금까지 해 왔으니까, '말씀'에 대해서는 많은 말을 하지 않습니다.

그러나 우리가 성경을 보면, 성경 속의 복음서라고 하는 마태니 마가니 누가니 하는, 이런 공관 복음서를 쓴 사람들, 그 사람들은 율법을 중심으로 해서 사는 사람들입니다. 예를 들면 베드로와 바울은 왜 충돌을 하나. 베드로와 바울은 함께 전도를 띠니 굉장한 충돌을 합니다. 베드로라는 사람은 율법이라는 틀을 벗어날 수가 없었기 때문입니다. 벗어날 수가 없으니까 이방 사람들에게 가서도 유태사람처럼 "너희도 할례를 받아야 한다"는 말을 자꾸 하게 되는 것이죠.

그런데 바울은 유태사람들을 벗어난 사람이었고 희랍에서 태어난 사람이기 때문에, 즉 희랍 문화권에서 태어난 사람이었기 때문에 유태 영향을 그리 많이 받지 않은 사람이라 할 수 있습니다. 물론 가마리엘의 제자였으므로 유태 것도 알기야 하였겠지만 그러나 베드로나 그런 사람처럼 율법에 그리 심하게 얽매이지 않은 사람이라고 볼 수 있습니다.

따라서 바울은 율법을 지키려고 가장 애쓴 사람이며, 율법을 위하여 자기 목숨을 바친 사람입니다. 그렇게 목숨을 바쳤는데도, 자기는 구원을 못 받았다는 것이죠. 못 받았음에도 불구하고 그리스도의 복음을 받아서 새 사람이 되었다는 것입니다.

나는 구원을 받았다. 그렇게 자기는 구원을 받았으니까 유태사람 가운데 나처럼 율법을 지키려고 애쓴 사람이 어디 있느냐. 나와 보아라. 없지 않느냐. 나는 유태사람 중의 유태사람이요, 베냐민 지파 중에서도 베냐민 지파요, 바리새교인 가운데 바리새교인이니 어쨌든 나는 율법적으로 흠잡을 것이 하나도 없다.

그런데 그것 가지고도 안 되니까, 안 된다는 것 아니냐. 그런데 그리스도 복음으로 거듭남을 받았으므로(로마서 7장 마지막, 8장 첫줄), 나는 율법은 필요 없다. 이제부터는 복음이다. 그리하여 그리스도의 시대가 시작되는 것입니다.

이것이 소위 중세 전체를 이끌고 나아간 것 아닙니까. 고대라고 하면 하나님의 시대라고 보아야겠지요. 중세는 그리스도의 시대라 보아야겠지요.

그러나 이제 근대가 왔다. 르네상스가 왔다. 이렇게 새 시대가 옴에 따라서 지금 니체가 "신은 죽었다"는 것도 새 시대가 왔다는 소리입니다.

새 시대가 옴에 따라서 결국은, 믿음으로 구원이 되는가. 안 된다. 다시 요한이란 사람이 나타나서 '믿음'으로 구원이 안 되며, '말씀'으로 구원이 된다. 그 말은 무슨 말인가. 하나님의 시대도 지나가고, 그리스도의 시대도 지나가고, 이제는 성령의 시대가 왔다. 새로운 시대의 도래를 말하는 것입니다.

그러니까 율법 — 율법은 소위 행하는 것이므로 — 바울은 '행함'으로 구원을 얻는 것이 아니라 '믿음'으로써 구원을 얻는다. 그러면 믿음이라는 것은 무엇인가. 믿음이란 우리가 우리의 마음을 다해서 하나님께 나를 바치는 것이다. 하나님과 나의 마음이 하나가 되는 것이다.

그래서 근대 종교 문제에 대해서 최고의 권위자라고 할 수 있는 쉴라이에르마허(Friedrich E. D. Schleiermacher) 같은 학자의 말을 빌리면 "믿음이라는 것은 하나님께 나를 바치는 감정이다"라고 하였습니다. 그러니까 하나의 마음을 바치는 절대 귀의의 마음도 되고, 더 강화해서 '감정'이라고도 합니다. 절대 귀의하는 감정, 믿음의 핵심은 소위 감정이 되는 것입니다.

그런데 성령의 시대를 왜 말해야 되나. 성령의 시대는 감정이 아니라, 이것은 아는 지혜. 성령의 시대는 아는 지혜다, 말씀이다, 로고스다, 하는 것은 모두 '지의 세계'가 되었다는 것, 그러니까 사람의 정신을 지·정·의知情意로 나누어 볼 때, 율법이란 것은 의지의 세계다. 사도 바울도 아무리 자기가 강하게 의지대로 나가려고 하여도 자꾸 흔들리는 것입니다. 그래서 "오호라! 나는 괴로운 사람이다"라고 할 만큼 의지가 박약하다는 것입니다.

여러분도 다 짐작할 수 있을 겁니다. 우리가 정월 초하룻날이면 얼마나 많은 결심을 합니까. 하지만 그 결심은 며칠 안 가서 깨지고 맙니다. 옛날 사람들은 의지가 아주 강했어요. 의지가 강하지 않으면 살 수가 없었기 때문입니다.

내가 만일 옛날에 태어났다면, 교회에 오기 위해 오늘 청량리에서 신촌까지 걸어 왔을 것입니다. 한 오십 리는 걸었을 겁니다. 함석헌 선생은 과거에 오류동에서 늘 서울까지 걸어왔어요. 그게 다 옛날 사람이어서 그렇지요.

요새 이대생 보고 오류동에서 걸어오라면 걸어 올 사람 별로 없을 것입니다. 옛날 사람들은 웬만한 어려움은 다 견디어냈습니다. 그들은 그만큼 단련을 했었습니다. 웬만한 고통스런 것은 다 견디어냈습니다. 옛날 여인들 또한 의지가 강했어요. 옛날에 병원에 입원해서 아이를 낳은 사람이 있었습니까. 밭에서 김매다 아이를 낳아서 길렀지요. 이순신 장군도 나오고, 이퇴계 선생도 나오고, 그런 사람들은 율법을 실천할 수가 있었던 것입니다.

그다음, 의지의 세계가 지나가면 감정의 세계입니다. 즉 마음입니다. 복음의 핵심이란 마음으로 보는 것이지요. 그것은 의지의 세계와는 다릅니다. 정조情操의 세계 — 그러니까 믿는 것, 아버지가 아들을 믿는다고 할 때 이러한 경우는 의지적으로 믿는 것이 아닙니다. 아들이 아버지를 믿는 거란 아버지의 마음과 나의 마음이 하나가 된 것, 내가 내 아내를 믿는다고 할 때, 거기에는 의지적인 것은 없는 것입니다. 이대 교수 한 분이 남편이 미국에 가서 12년 동안 있었지만, 혼자 지낼 수 있었던 것은 무조건 남편을 믿었기 때문입니다.

믿음의 세계는 아주 묘한 것입니다. 믿는 마음이 우리나라 사람들에게는 아주 발달이 되어 있습니다. 기독교가 우리나라에 들어와서 왕성한 것도 아마 그것 때문일 것입니다. 내가 아내를 믿고, 아내가 나를 믿는, 그 세계는 좋은 세계지요. '믿음의 세계' 그건 역시 '의지의 행함'의 세계는 아니고, 마음이 하나가 되는 세계, 믿음의 세계처럼 간단한 것이 없어요.

그런데 근대에 와서는 과학이 굉장히 발달하여 현대인들은 무엇이고 지적으로 생각하게 되었습니다. 하지만 마음으로는 그렇게 잘 되지 않죠. 그러니까 사랑한다는 말보다도 이해한다고 그래야 좀 알지, 사랑이란 것이 무엇인지 잘 모르게 되었어요. 지적으로 생각하게 되면 단지 '믿는다'는 것만으로는 되지 않아요. 그러니까 이제는 '안다', '연구한다', '생각한다' 해야지 그저 무조건 '믿는다'고 하면 잘 안 됩니다.

근대는 어떠한 시대인가. '이理'의 시대, '지知'의 시대, 다른 말로 '성령'의 시대라 표현할 수 있습니다.

율법의 시대, 믿음의 시대, 말씀의 시대, 인도 말로 율법의 시대는 '카르마'라고 하고, 믿음의 시대는 '바크티'라 합니다. 그리고 지知의 시대는 '진나'라고 해요. 그래서 카르마의 시대도 아니고, 바크티의 시대도 아니고, 진나의 시대다, 이런 말을 쓰는 것이죠.

　요새가 성령의 시대라고 해서 신비주의로 돌아간다는 뜻이 아니고, 지적인 시대가 왔으니까 기독교도 이제 지적知的으로 나가야지 정적情的으로나 의적意的으로 나가면 안 된다는 것입니다.

　우리는 성령이라면 뭔가 야단스러운 것으로 아는데 그런 것이 아닙니다. 그러니까 예수님께서는 '망령' 된 것에 못을 박습니다. "너희가 성령이라면, 얼씨구 절씨구, 그런 것으로 아는데 그런 것이 아니고 보혜사 진리가 곧 성령이다."

　보혜사 진리라는 것은 담보한다는 보保 자, 은혜 혜惠 자, 스승 사師 자인데, 희랍말로는 카리스마(charisma)라 합니다. 카리스마란 말은 은혜란 글자에서 나온 것입니다.

　고린도전서 12장, 고린도후서 1장 22절을 보면, 성령이란 우리에게 무엇을 하는 것인가. 그리스도가 주님이라는 것을 보증하는 것이다. 그리고 성령이란 우리에게 무조건 자꾸 주시는 것이다. 고린도전서 12장을 보면 "성령의 은사는 지식, 지혜, 예언, 방언, 믿음, 능력, 병 고치는 능력, 무슨 영을 분별하는 능력"이라는 구절이 있습니다.

　그 당시에도 방언이란 것이 가장 문제가 되었던 것입니다. 요새 순복음교회에서의 방언, 우리 학교에도 방언을 하는 학생이 있습니다.

그래서 바울 선생이 "방언, 그것도 물론 얼의 역사는 역사지만 그렇게 중요한 것은 아니다. 방언보다는 예언이 더 중요하다. 네가 되려면 예언자가 되어야지, 남들이 이해 못하는 방언을 가지고는 안 된다"라는 말이 고린도전서 12장 마지막에 나오고, 예언도 폐하고, 방언도 그치고, 믿음과 소망과 사랑이 제일 중요하게 되어 유명한 고린도전서 13장이 나오게 된 것입니다.

무엇이든지 우리가 그냥 받는 것, 그것을 우리는 은혜라고 합니다. '사'라고 하는 것은 스승 '사師' 자, 즉 '성령이란 선생님이다'라는 뜻이 되지요. 그래서 언제나 예수님께서 "그분은 너희를 알고 있다. 너희와 같이 있고, 너희 안에 있다." 그러니까 하나님도 '그분'이고, 예수님도 '그분'이고, 성령도 '그분'인 것입니다. 그럴 때 우리는 인격이란 말을 쓰는 것입니다. 결국 성령이란 내용은 선생님이란 것이죠.

우리 역사에서의 구체적인 성령은 사도 바울입니다. 사도 바울이 성령입니다. 그러면 진리는 누가 진리인가. 복음이 진리다. 예수가 진리다. 예수는 누구를 통하여 이해하여야 하나. 사도 바울을 통해서 예수를 이해하여야 합니다. 그리고 사도 바울은 요한을 통해서 이해해야 합니다.

그러니까 우리는 성령을 그저 하늘에서 비 오듯 쏟아지는 것으로 생각해서는 안 됩니다. 그렇게 생각한다면 그것은 무당이

나 마찬가지입니다. 그런 것이 아닙니다. 기독교는 그런 것과는 달라요.

내가 과거에 진짜 무당을 강원도 삼척에 가서 만났었는데, 우리 기독교의 성령이란 그런 혼령을 가지는 것을 뜻하는 것은 아닙니다.

그러면 누가 성령인가. 선생님이 성령입니다. 그것을 우리는 알아야 합니다. 나는 젊어서 많이 방황했었습니다. 나도 성령을 받겠다고 무던히도 산기도를 했었습니다. 부흥사들도 꽤 많이 쫓아 다녔어요. 삼각산에 가서 며칠 밤을 새워 기도도 많이 했어요. 그런데도 통 되지가 않았습니다. 그러다가 요한복음 14장 16절을 보니까 "성령은 보혜사다"라고 씌어 있었어요. 사도 바울이 성령이구나. 사도 바울을 통해서 내가 그리스도를 알아야겠다. 요한이 성령이구나, 요한을 통해서 내가 그리스도를 알아야겠다. 루터를 통해서 내가 그리스도를 알아야겠다. 요한 웨슬리를 통해서 그리스도를 알아야겠다. 내가 직접 받으려고 하지 말고 간접적으로 보혜사를 통해서 받아야겠다는 생각을 했어요.

이 '보'라고 하는 것은 그리스도에 대해서 절대 자신이 있는 것입니다. 예수님께서도 "와서 나를 보라"고 하셨습니다.

그런데 사도 바울도 고린도전서 11장을 보면 "나를 보라", "나를 따르라", "너희가 와서 보고 믿어라"고 하였습니다. 그 '보'라는 것이 상당히 중요한 것이지요. 그러니까 굉장히 실력이 있어야 합니다. 실력이 없으면 보혜사가 안 되지요.

나는 사도 바울이 굉장히 실력이 있다고 봅니다. 그러니까 우선 실력이 있어야 하고, 그리고 또 하나는 은혜라고 했어요. 사도 바울의 특징이 뭐냐 하면 "아무리 전도를 많이 해 주어도 나는 일체 돈을 받지 않았다"라는 것이지요. 돈을 안 받아야 돼요. 거저 주는 것이어야 하는데 이것이 둘째 조건이고, 셋째 조건은 그리스도에게 도달하게 되는 방법을 제시해 주어야 해요. 이것이 전부입니다.

이런 말을 자꾸 하는 것은, 요즘 붓글씨를 쓰는데, 글씨 쓰는 선생이 되려면 우선 체본을 써 줄 수 있어야 합니다. 그게 '보'인 것입니다. 그리고 선생이 되려면 거저 배워 줄 수 있어야 돼요. 그것이 '혜' 입니다. 그리고 붓글씨 선생이 되려면 학생이 써 온 글씨를 고쳐 줄 수도 있어야 되고, 그 방법을 가르쳐 줄 수 있어야 하므로 그러니까 이 방법론이란 것이 결여되면 학문이란 되지가 않습니다.

학문, 과학에서 제일 중요한 것이 방법론 아닙니까. 그래서 선생이란 사람들은 어떠한 사람들인가. 이러한 방법론을 가진 사람들이죠. 그러니까 '보' 라는 실력이 있어서 '혜'를 써 줄 수 있어야 합니다. 그리고는 방법을 가르쳐 줄 수 있어야 합니다. 그래서 그 방법대로 하면 진리를 깨달을 수 있게 되는 것이죠.

그러니까, "내가 보혜사 성령을 너희에게 보내노니 이 보혜

성령의 이름 101

사 성령은 진리의 영이다." 결론은 진리입니다. 이 진리의 세계에 가기 위해서는 반드시 보혜사가 필요합니다. 즉 선생 없이는 그 세계에 도달할 수가 없는 것입니다.

우리가 그리스도에 가기 위해서는 반드시 예수가 필요합니다. 우리가 엘리에게 가기 위해서는 반드시 야훼가 필요합니다. 우리가 진리에 도달키 위해서는 보혜사가 필요합니다. 성령은 보혜사 진리의 영입니다. 우리에게 진리를 가르치시는 영적 선생님, 그분이 성령입니다.

주체적 진리

1982년 7월 11일

요한복음 17:17
 이 사람들이 진리를 위하여 몸을 바치는 사람들이 되게 하여 주십시오. 아버지의 말씀이 곧 진리입니다.

 하나님의 이름은 야훼고 엘리다. 예수님의 이름은 예수 그리스도다. 성령의 이름은 보혜사요 진리다. 야훼면서 엘리야가 되고, 예수면서 그리스도가 되고, 보혜사이면서 진리가 됩니다.
 또 야훼라는 방법을 통해서 엘리라는 목적으로 가고, 예수라는 이름을 통해서 그리스도라는 목적으로 가고, 보혜사라는 방법을 통해서 진리로 가야지, 만일 그게 안 되면 미신이 되고 맙니다.

기독교는 고등종교이기 때문에 미신으로 떨어지는 것을 막아야지, 그렇지 않으면 사이비 종교가 될 가능성을 깊이 내포하고 있습니다. 더구나 우리의 역사가 샤머니즘이라는 오랜 전통을 가지고 있기 때문에 불교가 자기도 모르는 동안에 샤머니즘과 합해지고 마는 그런 불행한 운명을 겪었습니다.

기독교가 지금 그런 운명을 겪을 위기에 처했습니다. 그러니까 우리가 그런 것을 막아야지, 그런 것을 막지 않으면 종교는 자꾸 타락하고, 종교가 타락하면 사회가 타락합니다. 따라서 사회를 깨끗이 하기 위해서는, 또 종교를 깨끗이 하기 위해서는 미신으로 흘러가는 것을 막아야 합니다.

그래서 나도 성령을 100% 인정하는 사람이지만, 그 성령이 자칫하면 악령이 된다든가, 또 샤만이 되기 때문에 이런 말을 자꾸 하게 되는 겁니다. 반드시 보혜사를 통해서 진리에 가야 합니다. 어떤 학문이든 선생님을 통하지 않으면 상당히 위험해요.

난, 요새 붓글씨 쓰는 이야기를 자주 하는데, 추사秋史면 추사의 체본만 보고 우리가 그대로 흉내 내면 될 것 같아도 되지를 않아요. 반드시 선생님을 통해서 추사가 어떤 사람이고, 그 사람이 몇 살 때는 어떻게 썼는가 하고 설명을 들으면서, 추사의 붓 쓰는 법을 들으면서, 추사의 체본을 써야지, 그게 없으면 상당히 위험하고 또 되지 않아요. 방법이라고 하는 걸 통해서 가야지, 방법이 없으면 되질 않아요.

그러니까 하나님을 찾으려면 존재를 통해서 하나님을 찾고, 그리스도를 찾으려면 예수를 통해서, 진리를 찾으려면 보혜사를 통해서 찾아야 합니다.

자칫하면 돈을 벌고자 하고, 신비한 걸 보고자 하는데 그런 것은 진리와는 상관이 없는 것입니다. 우리가 사랑을 에로스(eros)라고 하는데 에로스를 넘어서 아가페(agape)로 가야 하는데, 아가페로 가기 위해서는 반드시 필로스(philos)라고 하는 걸 넘어서야 합니다. 그러니 '영'이라고 하지만 진리와는 상관없는 영입니다.

진리를 통해서 받는 영이어야만 성령이지, 진리와 상관없는 영은 성령이 아닙니다. 그러니까 기독교에서 성령이 내렸다 하면서 밤 기도를 하다가 탁 어떻게 되는 것이나, 정신이상이 되어서 성령을 받았다, 그러면 절대 안 돼요. 성령을 받았다는 말이 진리를 깨달았다는 말과 같고, 성령이라는 것이 진리와 관계가 있어야 한다는 것입니다.

교회란 가르칠 교敎, 모둘 회會 자, 하나님의 말씀을 가르치고, 하나님의 말씀을 배우기 위해서 이 교회가 있지, 만일 그렇지 않으면 매일 산 기도만 하면 되지, 교회 내에서 무엇을 하겠어요. 요전에도 북한산에 갔더니 산꼭대기마다 기도하는 사람이 있었는데 그 기도하는 사람의 목소리가 얼마나 큰지 이쪽에서 한 사람이 "아버지!" 하면 저쪽에서 "아버지!" 하고 고함쳐요. 산에 간 이유도 산에 가면 하나님이 좀 더 잘 들릴 것 같아서, 또 조그맣게 소리를 내다보면 잘 안 듣는 것 같아서 자꾸 크게 목소리를 내는 것이지요. 이런 사람은, 성경에 예수님께서 "하나님은 은밀한 곳에 계시니 너희들은 은밀한 곳에서 기도하여라"라는 성경 말씀을 보지 않아서 그래요.

반드시 성경을 통해야 합니다. 성경이 중요해요. 요전에도 우리가 의지적인 방법, 율법이라고 하는 것. 신앙적인 방법, 믿음이라는 것. 요한이라는 사람이 내놓은 지적인 방법, 말씀입니다. 하나님 하면 율법이고, 예수님 하면 믿음이고, 보혜사 성령 하면 말씀입니다.

현대는 지적인 시대요, 성령의 시대, 진리의 시대입니다. 교회에서도 '믿음만으로'라고 강조해 왔는데 그것이 요즘의 새로운 세대에게는 잘 통하질 않아요.

나도 예수를 믿는다고 할 때 무얼 믿는가 하면, 십자가의 부활을 믿어야 된다고 말합니다. 그래서 십자가는 속죄라는 것이고, 부활은 구령救靈이라는 건데, 이 부활과 십자가를 아무리 믿으려 애써도 믿어지지가 않아요. 저도 굉장히 고생하면서 그걸 믿으려고 했는데 믿어지지 않는 걸 어떻게 하겠어요.

왜 믿어지지 않는가 하면 과학적인 지식을 갖고 사는 우리 젊은이들에게, 또 인문주의적인 교양을 가지고 사는 지성인들에게 이 속죄라고 하는 것, 누가 내 대신 죽었다는 것이 통 믿어지질 않아요. 내 책임은 내가 지어야지 누가 대신 져 준다 그래도, 그게 고맙게 여겨지질 않아요. 그러니, 아무리 예수가 내 대신 죽었다고 해도 그것이 고마워야 말이지, 고맙지 않은데 어쩌겠습니까. 내 책임을 누가, 왜, 내 대신 져 줄 필요가 있겠습니까. 자꾸 이렇게만 생각되는 거예요.

또 죽은 사람이 살아난다는 것, 그것 역시 말이 되지 않는다고 느껴지는데, '믿어라, 믿어라' 아무리 억지로 그래도 믿어지지 않으니까, 믿음의 길만 너무 강조해도 되지 않습니다. 율법의 길만 자꾸 강조해도 안 되고, 믿음의 길만 자꾸 강조해도 안 됩니다.

우리에게는 율법의 길, 믿음의 길, 말씀의 길, 이 세 가지가 모두 있어야 합니다. 그러니까 우리가 삼위일체라는 것이 하나님만 있어도 안 되고, 그리스도만 있어도 안 되고, 성령만 있어도 안 됩니다. 배만 붙잡아도 안 되고, 가슴만 붙잡아도 안 되고, 머리만 붙잡아도 안 돼요. 어떤 사람에게는, 쉽게 믿어지는 사람도 있고, 쉽게 행해지는 사람도 있고, 쉽게 알아지는 사람도 있고, 다 자기의 분수대로 가야지, 그 분수를 어기면 상당히 어렵습니다.

그렇게 하면 독선이 되고 마니까, 꼭 믿어야지 안 믿으면 안 된다고 한다면 못 믿는 사람들은 어떡합니까.

성경을 보면 역시 사도 바울은 믿음으로 구원을 얻고, 야고보는 행함으로써 구원을 얻습니다. 요한이 요한복음 17장 3절 어떻게 하면 영생을 얻으리이까, 그럴 때 하나님과 그리스도를 알므로, 요한복음 8장 51절에 보면 "하나님의 말씀을 알므로 영원한 생명을 얻는다"라고 하였습니다.

대학교회에서 말하는 걸 여러분이 가만히 들으면 속죄라는 말이 별로 없습니다. 왜 그런가 하면 나는 성령으로 구원을 받았기 때문입니다. 지적으로 구원을 받으면 다 믿어져요. 그다음엔 또 어떻게 되나. 다 또 행해져요. 즉, 지적으로 받아도 믿어지고 행해집니다. 나는 그렇게 십자가도 못 믿고, 부활도 못 믿었는데 지적으로 구원을 얻은 다음에는 다 믿게 되었고, 율법도 행할 수도 있게 되었습니다.

삼위일체라는 말이 어느 것 하나를 잡으면 다 잡히는 거지, 하나만 잡으면 하나뿐인 것은 절대 아닙니다. 그러면 일체라는 말을 할 필요가 없지요. 누구든지 자기가 믿음으로 구원을 얻게 된 사람도 좋고, 율법으로 구원을 얻는 사람도 좋아요. 그 사람 역시 또 알 수도 있고, 할 수도 있어요. 또 지적으로 구원을 얻는 사람도 좋아요. 그 사람도 믿을 수도 있고, 행할 수도 있어요. 그러니까 거기에 대해서 오해를 가지지 말고 우리가 넓은 의미에서 생각을 해야 됩니다.

맨 처음에 안다는 것을 '말씀'이라는 말로 썼어요. 믿음으로 구원을 얻는 게 아니라, 말씀으로 구원을 얻는다, 라고 하는 것이 하나님을 알고, 그리스도를 아는 것이고, 영생입니다. 교회가 말씀의 세계이고, 찬송도 기도도 성경도 설교도 모두 말씀입니다. 즉, 교회란 말씀의 세계입니다.

오늘 설교의 제목이 〈주체적 진리〉인데 이 말은 키에르케고르가 한 말입니다. 왜 이 주체적 진리라는 말을 했는가 하면, 지금까지는 사상과 철학이 그저 이 세계를 관찰하고 해석하기만 했는데, 이제부터는 철학이라고 하는 것이, 뭔가 이 세계를 뒤집어엎고, 새로운 세계를 만들어야겠다. 그리기 위해서는 이제까지의 주관적이고 알기만 하는, 그런 진리 가지고는 안 되고, 행동적인 진리라야 하기 때문입니다.

미국의 철학자 듀이(John dewey)도 과거엔, 철학이란 사회를 관찰하고, 해석하려고 그랬는데 이제는 사회를 변혁하고, 사회를 혁신하여야 되는데, 진리가 도구적인 역할을 해야 되며, 우리가 진리라는 불도저로써 험악한 사회를 밀어 제치고, 새로운 사회를 건설해야겠다고 했습니다. 그래서 이 새로운 사회를 건설하는 주체적인 진리를 생각했어요.

물론 키에르케고르는 세계와 사회를 변혁하기 전에 사람부터 변혁을 해야 되고, 새로운 사람을 만들어내야 되며, 인간의 변혁, 속사람의 변혁, 이 속사람을 한번 뒤집어 놓아야 되겠다고 했습니다. 사람의 속을 들여다보면 어떤 사람은 여우같은 사람도 있고, 독사 같은 사람, 사자 같은 사람, 즉 동물 같은 사람 속이 많습니다. 그런 모든 것을 뒤집어엎고, 정말 사람다운 사람, 천사다운 사람, 하나님의 아들다운 사람, 이런 사람으로 바뀌어야 되지 않느냐 이거죠. 정말 바꿀 수 있는 진리가 정말 진리입니다.

그래서 키에르케고르는 주체성의 진리라는 말을 처음으로 썼어요. 주체성의 진리란 우리의 속을 바꾸어 놓는 것이며 키에르케고르는 기독교도이므로, 기독교라고 하는 것을 동물적인 자기가 정말 인간적인 자기로 바뀌는 것, 자기의 속을 뒤집어놓고 뒤집히는 것, 변혁이 되어야 이게 진리 아닌가. 그래서 하나님의 말씀은 날선 칼 같아서 자신을 쪼개고 이 세상을 쪼개서 자신과 이 세상을 다 새롭게 하고 다 바꾸어 놓는 것입니다.

마르크스나 듀이나, 키에르케고르를 다 합치면 결국은 하나님의 말씀인데, 이것은 이 세상을 뒤집어서 새로운 나와 세계를 만드는 것, 그것이 하나님의 말씀입니다. 요새 신식말로 하면 '주체적인 진리'가 되는 거죠. 요한복음 17장 17절의 "하나님의 말씀은 진리다"라는 말씀은 나 자신을 거룩하게 만들고, 나 자신을 뒤집어 가지고 혁신을 하여 새로운 사람을 만든다는 소리입니다.

하나님의 말씀이 왜 주체적이 되느냐. 제 개인의 경험을 여러분께 말씀드리겠습니다. 말씀이란 자꾸자꾸 듣는 단계가 있어요. 첫 단계지요. 예수님께서는 4단계로 구분하셨지요. 하나는 길바닥, 하나는 돌작밭, 하나는 가시덤불, 하나는 옥토입니다. 요즘은 인생의 3단계라고 하는데 사실 엄격하게 말하면 인생의 4단계입니다.

사람을 껍데기로 보면 똑같지만, 길바닥이라고 하는 것은 듣는 사람인데, 씨라고 하는 것이 땅속에 들어갔다는 것입니다. 그것은 대단한 것입니다. 그런데 땅속에 못 들어가고 그냥 땅 밖에서 노는 씨들, 그것을 헤겔 같은 사람들은 악무한이라고 했습니다. 일단 땅 속에 들어간 것을 신무한이라고 해요. 그러니까 제1 단계가 땅속에 들어간 거예요. 제2 단계는 싹이 튼 것인데 예수님께서는 돌작밭이라고 했어요. 성경에 돌작밭에 떨어진 씨는 싹이 텄다고 말씀하셨어요. 제3 단계는 가시덩굴 밑에 떨어진 씨인데 그건 싹이 터 가지고 자꾸 자라는 거예요. 옆에서 가시나무가 자라듯이 자꾸 자라는 것입니다. 제4 단계는 옥토에 떨어진 씨라고 했는데 그건 열매를 맺는 단계입니다.

하나님의 말씀에도 이 4단계가 있듯이 사람의 일생에도 4단계가 있습니다. 우리가 하나님의 말씀을 자꾸 듣기만 하는 때가 있는데 이 시기는 상당히 오래 갑니다. 얼마쯤 들으면 그다음엔 싹이 트는, 소위 우리가 깨닫게 되며 요령을 터득하여 알아진다고 할까. 더욱이 눈을 떴다는, 그런 말이 있지요.

맨 처음에 듣는 단계에서 시작해서 눈이 뜨이는 단계가 있어요. 그다음엔 하나님의 말씀을 실천하는 단계로 3단계입니다. 4단계는 하나님의 말씀을 증거하는 것입니다. 마치 거룩 성聖 자가 귀[耳] 변에 눈, 코, 입, 그리고 밑에 왕王이 있는데 지금은 가운데 눈코를 약하고, 귀[耳] 자와 입[口] 자 밑에 왕王 자가 됐어요. 그것이 성聖 자입니다. 듣는다, 본다, 실천한다, 말한다가 되는 것입니다.

맨 처음 미국에 갔을 때는 영어를 통 알아듣지 못하겠어요. 한 반 년쯤 지나니까 들려요. 라디오가 들려요. 그다음엔 책을 보면 보여요. 그다음엔 쓸 수 있어요. 그리고 1년 9개월이 지나니까 입이 터져서 말이 됩디다. 듣고, 보고, 쓰면 나중에 말하게 되는데 하나님의 말씀도 마찬가지예요. 듣다가, 보다가, 실천하다, 증거하는, 이런 네 가지를 가는 동안에 우리 속사람이 자꾸자꾸 바뀌어 가요.

그러니까 우리 속사람을 '속알'이라고 해서 난 자꾸 계란에 비교하는데 맨 처음에 이 계란이 듣는 계단, 즉 어머니 품속에 안겨집니다. 어머니 품속에 안겨오면 그건 대단한 거예요. 그게 듣는 거예요.

그다음에 어머니 닭 속에서 깨어 나오는 계단, 그게 보는 계단이에요. 조금 더 지나가면 걸어 다니는 계단, 꽤 큰 병아리가 되고, 닭이 되어야 다시 알을 낳아요. 키에르케고르는 이것을 인생의 3단계라 하는데 난 이것을 인생의 4단계라 하는 것이 훨씬 적합할 것 같군요. 속사람이 어머니 품에 안긴 때가 있고, 깨어나는 때가 있고, 걸어 다닐 때가 있고, 닭이 되는 때가 있고, 그러면 이 네 가지 속사람이 자꾸 변혁해서 완전히 닭이 되어야 그때는 자유라는 말을 쓰게 됩니다.

성경 말씀에 너희가 내 말에 거하면, 이것이 맨 처음에 안긴 알, 그다음엔 깨나는 병아리, 그다음엔 걸어다니는 병아리, 그다음엔 닭으로 속이 자꾸 바뀌어서 큰 닭이 되면 완전히 자유를 느껴요. 그걸 소위 "진리를 알지니 진리가 너희를 자유롭게 하리라." 결국 큰 닭까시 가는 거시요. 니체가 말하기를 "나는 나인 것이 되려고 최선을 다한다." 처음의 나는 이 계란, 그다음 나인 것이 큰 닭이에요.

나는 나인 것이 되려고 최선을 다한다고 했습니다. 나인 사람을 주체적인 사람이라고 해요. 그래서 이 니체의 철학을 이어받아 하이데거 같은 사람은 주체라는 것을 뿌리를 갖고 사는 것이라고 했습니다.

우리 기독교로 말하면 하나님을 붙잡고 사는 사람이 주체적인 사람이라는 것이지요. 그런데 하나님을 붙잡으려고 하면 놓쳐요. 또 붙잡으려고 하면 또 놓쳐요. 붙잡았다가도 또 놓쳐요. 그러면 붙잡으려고 하면 어떻게 해야 하나. "또 붙잡아라. 또 붙잡아라"를 키에르케고르는 '반복'이라는 말로 써요.

우리가 왜 또 붙잡아라, 붙잡아라 하는가. 결국은 자기가 주체적이 되기 위해서 반복해야 된다는 것입니다. 주체라는 말을 정신이라고 해도 좋고, 얼이라고 해도 좋은데, 더 쉽게 말하면 얼음이라고 해봐요. 주체라는 말은 얼음이고, 진리라는 말은 참 말인데 참말을 찬물이라고 해봐요. 얼음이 둥둥 떠 있는 찬물은 얼마나 시원합니까. 그런데 자꾸 녹으니까 냉장고에 들어갔다 나오고, 들어갔다 나오는 것이 반복, 우리 대강당을 냉장고라 하는데 이곳에 들어갔다 나오고, 들어갔다 나오는, 이 반복을 야스퍼스 같은 사람은 될 수 있는 대로 '얼음덩어리 옆으로 가라' 하고 말해요. 그걸 '실존과의 사귐'이라고 하지요. 실존이라고 하는 말은 '선생님'인데, 선생님에게 가까이 가라, 가까이 가라 하는 말은 얼음덩어리에 가까이 가면 얼음덩어리가 되는 것이지요. 보혜사에게 가까이 가서 — 다시 말하면 실존과의 사귐 — 나도 찬물이 되는 거예요. 정신이 해이해지지 않도록 큰 바다, 큰 산에 가서 나 자신을 자꾸 긴장하게 하라. 그렇지 않으면 자꾸자꾸 무너진다. 그러면, 무너지면 무엇이 되나. 그만 나중엔 뱀도 되고, 강아지도 되고 마는 것입니다.

사람의 특징은 무엇인가. 일으켜 세워야 되거든요. 일으켜 세우려면 얼음이 되어야지, 물로 되면 안 됩니다. 우리가 하나님은 영이시니(요 4:24), 그 영이 성령, 깨끗한 얼음이에요. 더러운 얼음이 아닌, 그 깨끗한 얼음을 붙잡아야 내 자신도 찬물이 되는 거예요.

성령의 내용은 뭔가 하면 보혜사와 진리예요. 보혜사 없이 진리도 없고, 또 진리가 있어야 우리가 자유로워지는 것입니다. 그 진리는 주체적인 진리이고, 나 자신을 변혁시키는 진리입니다. 이것을 소위 '중생重生'이라는 말로 쓰는데, 요한복음 3장에 "너희들이 물과 성령으로 — 보혜사와 진리로 — 거듭나지 않으면 너희가 하나님 나라를 볼 수 없느니라" 그런 말이 마땅한 말이겠지요.

등 불

1982년 10월 31일

누가복음 11:33~36
 너의 온몸이 어두운 데가 하나 없이 빛으로 가득 차 있으면 마치 등불이 그 빛을 너에게 비출 때와 같이 너의 온몸이 밝을 것이다.

 오늘 읽은 성경은, 눈은 몸의 등불이라는 말씀입니다. 그래서 35절에 "그러니 네 안에 있는 빛이, 어두움이 아닌지 잘 살펴봐라." 34절에는 "눈은 몸의 등불입니다"라는 구절이 있어 오늘 설교 제목을 〈등불〉이라 붙였습니다.
 빛이라고 하는 상징은 기독교에서 가장 많이 쓰는 상징이라 생각합니다. 여러분 중에서 단테의 『신곡神曲』을 읽은 분이나 또 만일 그 『신곡』을 그림으로 그린 그림책을 본 분은 지옥이라는 것을 아주 암흑세계로 그렸음을 아실 것입니다. 지옥을 캄캄한 암흑세계로 그리고, 이 지상이라고 하는 것을 절반은 밤이고, 절반은 낮으로 그렸으며, 그리고 천국은 아주 밝은 낮으로 그려져 있습니다. 그래서 단테의 『신곡』은 결국 지옥편이 제일 잘됐다고들 합니다. 그리기 쉬우니까요. 그러나 천국의 편에서는 빛을 가지고 표현해 보려니 세밀하게 구체적으로 표현하기가 참 어렵지 않아요? 그래서 천국의 묘사라는 게 상당히 어렵다고 합니다. 물론 그럴 것입니다.

그런데 우리가 하늘을 생각하면 태양이라고 해도 빛이고, 달도 빛이고, 또 별도 빛이지 그 이상 무엇을 우리가 하늘에서 찾을 수 있겠습니까. 우리가 하늘나라를 말할 때는 빛이라는 말을 안 쓸 수가 없습니다. 그래서 마태복음 13장에서 "의인은 하늘나라에서 그 얼굴이 태양과 같이 빛난다"고 했습니다. 아무래도 그렇게밖에 표현할 길이 없지 않겠습니까.

요전에 내가 하늘나라라고 말을 하면서 하늘나라의 결론이 무엇인가 하면 하나님도 '영'이시고, 그리스도도 '영'이시고, 우리 사람도 '영'이다. 그래서 어린이라는 말을 '얼인이'라고 말을 억지로 붙였습니다. 얼이라 표현하는 것은 자유라는 생각 때문에 그렇게 표현하는 것입니다. 영적인 것이 가장 자유로운 것 같으니까 성경에서는 자유라는 말을 쓰지 않고 영이라는 말을 씁니다. 그 말이 제일 많은 데가 로마서 8장이고, 바울의 말씀 가운데 영이라는 말을 자꾸 쓰는데, 그 영은 자유를 상징하기 위해서 자꾸 쓴 것입니다.

우리에게는 신선이라는 생각이 좀 더 자유라는 생각과 가깝습니다. 유태사람들의 사고 속에는 영이라는 생각이 자유라는 말과 가깝다는 것입니다. 그래서 예수께서 부활하실 때 자유로운 몸이 되었다라고 할 때 '영체靈體'라는 말로 표현했습니다. 자유로운 몸이라는 것입니다.

생명의 핵심을 찾아볼 때 자유와 결부시키지 않을 수 없는 것과 마찬가지로 진리를 말할 때는 또 빛이라는 것과 연결시키지 않을 수 없습니다. 그러니까 생명이나 자유를 표현할 때에는 영이라는 말을 썼고, 진리라는 말을 표현할 때에는 빛이라는 말을 썼습니다.

하나님을 표현할 때에는 태양의 빛이라고 해서 묵시록 22장 5절, 새 하늘과 새 땅이 오면 태양도 없어지고 달도 별도 다 없어진다. 그리고 진짜 빛이 나타난다는 구절이 있습니다. 그 진짜 빛이 무엇인가. 그것은 하나님 자신이며 하나님께서 일체를 비추실 것이다. 하나님 자신이 즉 태양처럼 비추신다는 것입니다.

요한복음 8장 12절을 보면 예수 그리스도께서 "나는 빛이다"라고 말씀하셨습니다. 달님처럼 예수님도 빛입니다.

그러면 우리는 무엇인가라고 물을 때 마태복음 5장 14절에 보면 "너희는 세상의 빛이다"라고 했습니다. 마치 별처럼 우리가 하늘을 쳐다보면 별과 달, 태양, 이 세 가지밖에 더 있습니까. 그러니 하나님은 태양 같은 빛이요, 예수님은 달 같은 빛이요, 우리는 별 같은 빛이다. 그렇게 되어야 나는 하나님 안에, 하나님은 내 안에, 그리하여 하나님과 그리스도와 우리가 통하는 것이지요. 그러니까 우리가 성령을 받을 때 우리도 영이 되고, 우리도 빛이 되는 것입니다. 즉 태양과 달과 별처럼 성부와 성자와 성령이 일체가 되는 것입니다.

그러나 우리가 기독교 안의 사고방식을 가만히 생각해 보면 참 재미있게 되어 있고, 또 이 땅 위에 있는 일은 복잡하지만 하늘에 있는 일은 복잡할 게 하나도 없습니다. 그저 딱 셋밖에 없으니까요. 그래서 저도 밤낮 말하는 게 그것이지 더 뭐가 있습니까. 아주 간단하고, 알기 쉽고. 땅에 있는 것은 생각도 복잡하고 그렇지만, 하늘이야 쳐다만 보면 보이는 게 해요 달이요 별인데 무엇이 복잡할 것이 있어요? 하늘의 일이란 간단하고 쉽게 되어 있습니다. 그러니 복음이란 간단하고 쉬운 거지 어려울 것이 없습니다.

우리가 제일 알아듣기 쉬운 말이 빛이라는 것입니다. 창세기에서도 "태초에 하나님께서 빛이 있으라 하니 빛이 있었다"고 1장 첫머리에 나옵니다. 또 묵시록 맨 나중에 가서 "새 하늘과 새 땅이 되어서 하나님 자신이 빛이 되셔서 일체를 비춘다" 했

등불 119

고, 또 그 중간도 다 그 얘기입니다. 즉 '빛'이라는 얘기입니다.

예수님께서 산상에서 변화했다 해서 보니 그 얼굴에 빛이 가득했고, 흰옷을 입으셨더라. 예수께서 부활하신 후 만나 보니까 빛이 나더라고 했고, 영화 「쿼바디스」에서도 로마에서 기독교 박해가 일어나니까 베드로도 로마를 탈출해서 도망쳐 나오는데 멀리서 무슨 햇빛 같은 게 비쳐 눈이 부셔 눈을 비비고 자세히 보니 부활하신 예수님께서 나타나셨습니다. "쿼바디스 도미네?", "선생님, 어디로 가십니까?" 그렇게 베드로가 물었더니 예수께서는 "네가 로마를 버리고 도망쳐 가니까, 내가 다시 로마로 들어가서 너 대신 내가 십자가를 지겠다"고 하십니다. 베드로는 그 말에 깜짝 놀라 다시 로마로 들어가서 십자가를 지는데, 예수님께서는 똑바로 십자가를 지셨으니 나는 거꾸로 십자가를 지겠다고 해서, 결국 거꾸로 십자가를 지고 죽어 그 자리에 지금의 베드로성당이 지어졌다는 전설이 있습니다. 그러니까 부활하신 예수도 빛으로 표현되었고, 옛날 이사야도 하나님의 보좌를 보았다고 했을 때도 '빛으로'라고 하였습니다. 그밖에 달리 표현할 방법이 있겠습니까. 그러므로 이 빛이라고 하는 사상이 상당히 중요합니다. 그래서 결국 여러분도 결국 "나는 빛이다"라는 그런 말을 하게 되어야 신앙입니다.

비인에 해수욕을 갔었을 때 일인데 밤에 바닷물 속에 들어갔다가 내 몸 전체가 빛으로 보이는 것을 보고 깜짝 놀랐었습니다. 나는 내 몸에서 그렇게 빛이 나오는 줄 몰랐었습니다. 한 번은 제주도 해녀들이 물 속 깊이 다섯 길을 들어간다고 하기에 나도 한번 해녀처럼 다섯 길을 들어가 보려고 해녀들을 따라 들어가 보았습니다. 그런데 가슴이 철렁했습니다. 왜냐하면 내가 따라 들어간 그 해녀가 시퍼런 불이 되었습니다. 물속에 들어가면 어두워지는데, 그 어둠에 해녀가 도리어 퍼런 불이 된 것입니다. 나는 가슴이 마구 내려앉는 것 같았습니다. 그래서 무서워서 도로 나왔습니다.

사람의 육체도 빛입니다. 그러나 여기서 말하는 빛이란 인에 있는 빛, 쉽게 말하면 '정신의 빛' 입니다.

동양인으로서 빛을 참으로 좋아한 왕양명王陽明이라는 사람이 있습니다. 이화대학 교가를 정인보 선생이 지었는데, 그 정인보 선생이 제일 많이 연구한 철학이 왕양명 철학입니다. 정인보 선생의 『양명학연론陽明學演論』이란 책이 삼성문고에 나와 있습니다. 양명학을 소개하는 책입니다.

양명이라 할 때 '양陽' 자는 태양이라는 '양' 자이고 '명明' 은 밝을 '명' 자입니다. 이 사람이 얼마나 빛을 사랑했기에 자기 이름을 양명이라 지었을까요.

그 왕영명이 죽게 되었을 때 그 제자가 그를 보고 "선생님, 세상에 유언하실 것이 없습니까" 하고 물었더니 "오심광명吾心光明" 내 마음이 빛인데, "역부하언亦復何言" 또다시 무슨 말을 하리요, 라고 하였습니다. 옛날 사람들은 정신을 마음이라고 하였습니다. 불교에서는 '심즉시불心卽是佛'이라 하는데, 마음이 곧 빛이라는 말로서 이것은 정신이 빛이요, 즉 정신이 깼다는 것입니다. 그래서 마음의 눈을 뜬다고 하며 마음의 눈이라는 말을 많이 쓰지요. 혜안심안慧眼心眼이라고도 하는데 우리의 정신의 눈이 떠야 된다는 것입니다.

예수께서는 너의 육체의 눈도 중요하지만 마음의 눈도 상당히 중요하다고 하셨습니다. 마음의 눈을 떠야지 육체의 눈만 떠가지고서는 안 된다는 것입니다.

나는 내 아내와 선 본 얘기를 여러 번 했는데 내 아내와 처음 만났을 때 한없이 부끄러워서 잘 보지를 못했습니다. 그러다가 자, 이젠 그만 갑시다 하면서 일어서 나올 때 조금 보았는데 집에 와서 우리 어머니께서 네가 선본 사람이 무슨 옷을 입었더냐고 물으셨습니다만 나는 대답을 못했습니다. "머리는 어떻게 했더냐?" "못 보았는데요." "얼굴이 어떻게 생겼더냐?" "못 봤는데요." "그래서 결혼을 할 거냐, 말거냐?" "하겠습니다." "아니, 사람을 보지도 못했는데 결혼은 어떻게 하려고 그러냐?" "잠깐 보았어요. 잠깐 보았는데 사람 괜찮은 것 같아요." "사람 괜찮은 것 같아요, 라니 사람 옷을 본 것도 아니요, 머리카락을 본 것도 아니요, 얼굴을 본 것도 아닌데 무얼 보았느냐?" 사람을 본 것입니다.

옷도 얼굴도 못 보고 어떻게 사람을 보나? 그게 중요하지요. 얼핏 보는 것은 육체의 눈으로 보는 것이 아니지요. 마음의 눈으로 보는 겁니다. 사람이 괜찮은 것 같다는 말은 별로 악한 사람 같지는 않다는 것입니다.

사람을 본다, 그럴 때 마음의 눈이 열려야 마음을 보지 그렇지 않으면 못 보는 것입니다. 그런 것은 잠깐 보는 겁니다. 오래 한참 들여다보면 그건 육체의 눈이지 마음의 눈이 아니지요. 잠깐이라는 게 순간이지요. 옛날 사람은 순간이라는 말 대신에 찰나라는 말을 썼습니다. 영원을 보는 것은 찰나에 보는 것입니다. 찰나에 무얼 보나. 마음을 보는 것입니다. 하나님을 보았다. 하나님을 보았다 할 때 무엇으로 보았나. 마음의 눈으로 마음을 보는 것입니다. 지금 하나님을 보니 수염이 허옇게 났던데 하고, 천국을 가보니 남대문 같더구만 하고 말하지만 그건 다 망상이지요.

예수님이 하나님 품 안에 있다가 왔다고 하셨는데, 하나님이 어떻게 생겼다고 말한 일이 있습니까. 예수께서 천국에 대해 말한 적이 있습니까. 아무것도 없습니다. 예수님께서 하나님을 보았다고 하는 것은 마음의 눈으로 보았다는 것입니다. 그래 하나님을 보니 어떻던가. 하나님은 사랑이더라는 것입니다. 즉 마음의 눈으로 마음을 보는 것입니다.

예수님도 하나님을 봤다 하더라도 그것은 하나님의 마음을 보았다는 것이지 별 것이 있습니까. 하나님의 마음을 보니 어떻던가. 사랑이더라. 내 아내의 마음을 보니 어떻던가. 그것도 사랑이더라. 왜? 나와 살겠다고 왔으니 사랑이지 뭡니까. 찰나에 잠깐 보고도 오늘까지 내가 30년을 아내와 같이 살고 있습니다. 앞으로 30년이 아니라 영원히 살겠지요. 그러니 찰나 속에 영원이 있다는 말을 자꾸 하게 되는 것입니다.

마음의 눈은 전체적인 파악입니다. 전체적인 파악, 그것이 인간에겐 상당히 중요하지 않습니까. 사람을 척 보면 벌써 전체적인 파악이 되어야지 한참 보고 알았다는 것은, 알긴 뭘 압니까. 마음의 속도는 태양빛의 속도보다도 더 빠릅니다. 척 보면 벌써 아는 것이지요.

오늘 전 대통령과 부시 부통령이 만났다는데 탁 만나보면 부시 부통령은 전두환 대통령이 어떤 사람인지를 알아야 하고, 또 전 대통령도 부시 부통령을 척 보고 알아야 되겠지요. 찰나이지요. 한참 들여다보고 알았다는 것이 아닙니다. 안다는 것은 찰나 속에 알아야 합니다.

너의 밖에 있는 눈이 밝아야 네 몸도 성하지마는, 네 안에 있는 눈이 밝아야 정신이 성할 것이 아니냐. 너에게 건강한 육체도 중요하지만 건강한 정신이 더 중요한 게 아니냐. 건강한 정신을 가지기 위해서는 안에 있는 눈을 떠야 되지 않겠느냐.

옛날 바다 깊은 진흙 속에 거북이가 한 마리 살았다. 오랫동안 진흙 속에서만 살아서 시력을 잃고 말았다. 나이 먹어 철이 들자 밝은 세계가 그리워졌다. 그는 정성껏 빌었다. 그리하여 하늘을 한번 볼 기회를 주어 배꼽에 눈 하나를 달아주었다. 이건 안에 있는 눈을 상징하는 것입니다. 머리에 있는 눈이 아니고 안에 있는 눈을 상징하기 위하여 배꼽 눈이란 말을 붙인 것입니다.

거북은 밝은 세상이 그리워 수면에까지 떠올라 머리를 물 위에 내밀어 보았으나 아무것도 볼 수가 없었다. 머리의 눈은 육체의 눈입니다.

오랫동안 바다에 떠돌아다니다가 거북은 깨어진 배 조각을 발견한다. 거북은 떠 있는 배 조각 밑에 거꾸로 붙어 다녔다. 뜻밖에도 거북의 눈이 나뭇조각의 뚫린 구멍과 마주치게 되었다. 한참 눈이 부셨다. 한참 후 거북은 빛에 익숙해지자 구멍을 통해 밖의 하늘과 흰 구름과 나르는 갈매기를 볼 수 있었다. 그리고 그 위에 온 우주를 비추는 빛 사체를 보았다. 그때 거북은 한없이 기뻤다. 거북은 다시 바다 밑으로 내려가 진흙 속에서 헤매는 친구들에게 기쁜 소식을 알려주었다.

인간은 이성적 동물이라 합니다. 인간이 정말 바라는 것이 있다면 물속에 있는 것이 아니라 물 밖에 있는 진리의 태양을 보는 것입니다.

우리 민족은 오랫동안 바다 밑을 헤맸습니다. 그러나 역사의 여명과 더불어 우리 민족이 배꼽의 눈을 뜨기 시작했습니다. 신라와 고려 때 우리 위를 떠다니던 나뭇조각은 석가였습니다. 석가의 뚫린 마음을 통해 원효가 본 것은 개성이요, 공자가 떠다닐 때 퇴계가 본 것은 효성입니다. 지금 우리 위를 떠다니는 나뭇조각은 소크라테스입니다. 소크라테스를 통해 우리가 볼 수 있는 것은 주체성이요, 앞으로 우리 위에 또다시 뜰 나뭇조각은 예수입니다. 예수의 마음을 통해 우리가 볼 수 있는 것은 신성 神性입니다. 우리 역사는 지금 절반밖에 오지 않았습니다. 우리의 앞날은 아직도 요원합니다.

이것은 지금 우리가 무얼 말하려고 그러느냐 하면 우리가 예수는 믿는다 할 때 예수라고 하는 존재는 무엇인가. 바다에 떠다니는 나무라고 봅니다. 십자가의 나무라 해도 좋습니다. 그런데 그 나무에는 구멍이 뚫려 있습니다. 그 구멍 뚫린 곳을 통해서 즉 십자가를 통해서 우리가 볼 수 있는 것이 무엇인가. 하나님이라고 하는 진리 자체입니다. 지금까지는 우리에게 나뭇조각의 역할을 한다 함은 누구인가. 석가와 공자와 소크라테스입니다. 이들이 우리의 나무 역할을 해왔습니다. 우리의 역사를 그렇게 반성해 보는 거지요.

이스라엘 사람이라면 우리의 과거는 모세가 지도해 왔고, 지금부터는 예수가 이스라엘을 이끌어 간다는 것이지요. 우리의 역사를 지도해 온 이는 석가요, 공자요, 소크라테스입니다. 지금

서양문명의 근본이 모두 소크라테스 사상입니다. 부시 부통령이 왔다 하여도 그건 누가 왔는가. 그건 소크라테스가 온 거지요. 우리에게 지금까지 우리를 깨우쳐 준 존재들이 누구였나. 석가와 공자와 소크라테스는 우리 역사의 전사前史라 할 수 있겠습니다.

앞으로의 문제는 세계가 하나가 되는 문제인데 이 세계의식을 우리에게 가르쳐 준 분이 예수입니다. 예수가 인류의 구세주지요. 어쨌든 우리는 예수의 마음을 통해서 하나님을 보는 것입니다.

그런데 그 예수의 마음을 통하기 위해서는 우리 정신의 눈을 떠야 되는 것입니다. 우리의 정신이 눈을 떠야, 우리의 배꼽에 눈을 달아야 볼 수 있는 것입니다. '맹구우목盲龜遇木' 눈먼 거북이 물에 뜬 나무를 만나는 시간이 1천 년에 한 번이라고 했습니다. 그래서 천재일우千載一遇라고 하는데 천 년에 한 번 만나는 것, 이것은 보통 어려운 일이 아닙니다.

우리에게 가장 어려운 일이 무엇인가. 스승을 만나는 일이다. 선생님이라면 어떤 선생인가. 가슴이 뚫린 선생, 마음이 뚫린 선생, 도에 통한 사람, 그의 전공에 통한 사람을 만나지 아니하면 하나님을 만날 수 없다. 그러니까 선생을 만나는 것이 참 어렵다. 여러분은 그러니 정말 찾아야 한다는 것입니다.

제자라고 하는 것은 무엇인가. 문제의식을 가진 사람. 문제의식을 가졌다는 것은 무엇인가. 마음의 눈을 뜬 사람, 배꼽 눈을 떴다는 것은 무엇인가. 문제의식을 가졌다는 것. 문제의식을 가지지 못하면 선생이 필요 없으므로 선생이 필요하다는 것은 벌써 문제의식을 가졌다는 것이고, 문제의식을 가졌으면 꼭 선생이 필요한 것입니다. 그런데 선생님을 만나기가 참으로 어렵다. 우리가 병이 났을 때 의사를 찾지만 정말 명의名醫를 만나는 것은 참으로 어려운 것이나 마찬가지입니다.

인도인들은 사람에게 제일 어려운 것이 두 가지 있다고 하는데, 그들은 윤회설을 믿으므로, 그 첫째가 다시 사람으로 태어나는 것이 그렇게 어렵다고 합니다. 영원히 돌아가는 그 윤회 속에서 다시 사람으로 태어나기가 참으로 힘든 기회라는 것이지요. 그러니 사람으로 태어난 것을 굉장히 고맙게 생각해야 합니다. 가끔 자살하는 사람이 있는데 사람으로 한 번 태어나기가 얼마나 힘든 건데 이걸 자살한다든가 해서 허비한다면 말이 안 되는 것이지요. 사람으로 태어나기가 그토록 어렵다는 것입니다.

둘째 스승을 만나기가 어렵다는 것입니다. 사람으로 태어나서 사람의 눈을 가진다는 것도 어렵지만 우리가 다시 한 번 스승을 만나서 우리의 마음눈으로 하나님을 볼 수 있다는 것이 더 어렵습니다. 우리가 예수 그리스도를 만나지 않으면 진짜 하나님을 볼 수가 없습니다. 그러니 예수를 믿는다고 하는 것이 보통 어려운 문제가 아닙니다.

　인생에 있어서 두 가지 문제, 즉 사람으로 태어나는 것과 예수를 믿는다는 것이 굉장히 큰 문제입니다. 나를 본 자는 아버지를 보았다 할 때 예수라는 인간을 이해하지 못하면 하나님이라고 하는 분을 알 수가 없는 것입니다. 예수를 믿는다는 것이 정말로 인간에게는 굉장히 중요한 문제입니다. 왜? 하나님을 볼 수가 있기 때문에. 나는 거북이가 나무를 만났다는 것을 십자가로 봅니다. 십자가를 통해야만 부활을 할 수 있습니다.

　그런데 예수를 만난다는 것이 쉽지 않습니다. 예수를 만나기 전에 바울을 만나야 하고, 루터를 만나야 하고, 웨슬리를 만나야 합니다. 그래서 우리는 더 가까이 가까이서 우리가 만날 수 있는 사람을 우선 만나야 합니다. 그래서 스승을 만나고 그 스승을 통해서 그리스도를 만나고, 그리스도를 통해서 하나님을 만나는 것입니다. 그래서 나도 빛이다. 그리스도도 빛이다. 하나님도 빛이나. 빛, 빛, 빛이 연결되는 것입니다.

　빛 없이는 상당히 힘듭니다. 그것 때문에 인생에 있어서 제일 중요한 게 무엇이냐. 스승을 만나는 것입니다. 스승을 통해서 우리가 그리스도를 알고, 그리스도를 통해서 하나님을 아는 것입니다.

　스승이 얼마나 중요한가를 알려면 문제의식을 가져야 합니다. 문제의식이란 말을 기독교에선 죄의식이라는 말로 씁니다.

내가 내 문제가 무엇인지 자기가 한 번 파 들어가야 합니다. 파 들어가서 자기의 배꼽이 눈으로 변할 만큼 파 들어가야 합니다. 그래서 자기의 문제의식만 찾으면 그다음엔 자연히 스승을 찾게 됩니다. 안에 있는 빛, 안에 있는 눈, 문제의식을 찾아야 합니다.

문제의식은 사람마다 다 다릅니다. 그러면 내 문제의식은 무엇인가. 그렇게 깊이 파고 들어갈 때 너 자신을 알라 하는 말이 무엇을 말하는지도 알 수 있게 될 것입니다.

문제의식을 가지는 것이 안의 빛을 가지는 것이고, 배꼽의 눈을 가지는 것이고, 마음의 눈을 가지는 것입니다. "너의 안에 등불이 켜졌나 알아보아라." 문제의식을 가지고 있는지 알아보아라. 네 안에 있는 빛이 어두움이 아닌가 살펴보아라. 문제의식이 없는 사람은 암흑이요 지옥이다. 문제의식이 천국에 들어가는 문입니다. 천국 가는 길을 묻는 이에게 시냇물로 들어가라고 했습니다. 나는 문제의식으로 들어가라고 합니다.

나 무
1982년 11월 7일

누가복음 12:35~48
　주인이 돌아왔을 때 깨어 있다가 주인을 맞이하는 종들은 행복하다. …… 주인이 밤중에 오든, 새벽녘에 오든 준비하고 있다가 주인을 맞이하는 종들은 얼마나 행복하겠느냐.

　오늘은 결혼 이야기인데 유태사람들은 주로 저녁에 결혼식을 한답니다. 우리는 보통 낮에 결혼식을 하지요. 우리도 실은 혼인婚姻이라고 할 때의 그 혼婚이라는 말이 여자라는 여女 자 변에 저녁때라는 혼昏 자입니다. 그러니 아마 옛날 중국서도 결혼식을 저녁때에 했는지도 모르지요. 유태에서는 결혼을 저녁에 하기 때문에 그 식에 참석하려면 아마 시간이 늦어지는 것 같습니다. 그래서 "내가 혼인식에 참석하고 돌아올 텐데 늦어지더라도 집을 잘 지키고 있어라"는 그 말이 결국 "허리에 띠를 두르고 등불을 켜놓고 준비하고 있어라"는 그 말입니다.

"자면 안된다. 언제나 깨어 있어라"는 말을 했습니다. 혼인식에 갔다가 올 때 깨어 있어라는 비유는 즉 혼인식에 갔다 올 때는 떡도 가져오고, 또 먹을 것도 많이 가져오니까, 네가 깨어 있으면 먹을 것도 많고 하니, 네가 잘 대접을 받을 터인즉 그렇게 되면 네가 얼마나 행복하겠느냐 하는, 깨어 있는 사람의 행복을 가리킨 것입니다. 또 하나는 그것을 지키지 않고 자는 사람의 불행을 가리키는데 그 예로는 도둑맞은 예가 나옵니다. 만일 네가 자고 있을 때 도둑이 들어 다 가져갔으면 그 얼마나 불행하냐. 그러니까 깨어 있는 사람의 행복과 자는 사람의 불행, 그 두 가지를 지금 예를 들어서 말씀하고 있습니다.

베드로라는 제자가 "이것은 우리만 보고 말씀하시는 것입니까. 이 세상 모든 사람을 보고 말씀하시는 겁니까" 하고 물으니 "물론 이 세상사람 모두에게 하는 말이지만 우선 특별히 너희들은 더 중요한 책임을 가지고 있으니까 너희가 깨어 있지 않으면 안 된다"고 하셨습니다.

그러니까 책임 있는 사람은 더 중요하지 않느냐. 그러니 너희가 더 잘 깨어 있어야 되지 않느냐. 인자가 언제 올지 그건 나도 모른다. 도적 같이 온다. 그때에 대해서는 나도 모른다. 하나님 아버지밖에 아는 이가 없다. 언제 올지 전혀 모르니까 너희가 언제나 깨어 있어라. 재림의 주님, 즉 인자, 그 인자가 그저 재림하는 것이 아니라 그때 죄를 심판하는 거니까 죄의 심판이 언제 올지 모르니 언제나 깨어 있어야 된다는 말입니다.

아마 여러분은 오늘 이 중강당을 들어올 때 그 앞에 은행나무가 노랗게 물든 것을 보았을 겁니다. 벌써 상당히 많이 낙엽이 졌는데 가을에는 은행나무가 독특하게 그 아름다움을 나타내는 것 같습니다. 다른 나무는 별로 시원치 않은데 은행나무는 그렇게 화려한 모습을 드러내는 것 같습니다.

그래서 옛날에 이런 말이 있습니다. "나무가 시들고 잎이 떨어지는, 그런 때를 선생님은 어떻게 생각하십니까" 하고 물었더니 거기에 대해서 이렇게 대답하셨습니다. "체로금풍體露金風!" 몸은 더욱 드러나고, 바람은 더욱 빛난다는 뜻이지요. 요새 은행나무를 보면 그런 느낌이 듭니다. 낙엽이 자꾸 떨어지는 데 반해서 나뭇가지는 더욱 더 드러나지요. 어제도 산에 가서 보니 낙엽이 바람에 날려 떨어지는데 햇빛을 받아서 반짝거리는 게 마치 금종이가 날아가는 것 같은, 즉 금으로 된 바람이 불어가는 것 같은 느낌이 들었습니다.

이화대학에서도 요즘 학생들이 다들 낙엽이 진 자리에 하루 종일 앉아서 즐기는데, 즉 체로금풍이라는 것을 몸소 느끼는 것입니다. 인생이 마지막 단계에 가면 어떻습니까. 마지막 단계에 가면 갈수록 더 그 사람의 인격이 드러나고, 그 사람의 능력이 더 발휘가 된다는, 그런 뜻입니다. 인격이 더 존엄하게 드러나고, 능력이 더 빛나게 되는 것이 좋은 것이라는 것입니다.

고린도후서 4장 16절에 보면 "속사람은 더욱 새롭다"고 했습니다. 속사람이 더욱 새롭다는 것도 체로금풍이라는 것입니다. 또 고린도후서 5장 17절에서 "너희가 그리스도 안에 있으면 새로운 피조물이다." 그리스도 안에 있음에 더 자꾸 우리가 새로워져서 더 빛나지고 더 존엄해진다는 것입니다.

내가 지금 64세인데 여러분에게 자꾸 내 나이 자랑을 해서 안 됐지만 이화대학교에서 명년이 끝나면 퇴직입니다. 마지막 가는 길입니다. 그래서 나는 우리 대학교회도 체로금풍이 되어야겠다고 생각합니다.

내가 젊은이들에게 하고 싶은 소리는, 인생이라는 것을 언제나 기쁜 마음으로 살아가는 것이 제일 중요하다는 것입니다. 그래서 이렇게 교회에 와서 서면 속에서부터 자꾸 기쁨이 솟아나오는 듯한 것이 좋은 거지요. 여러분도 교회에 오면 뭔지 자꾸 기뻐지듯, 나는 기독교의 핵심이라 하면 바로 기쁨이라고 생각합니다. "기가 뿜어 나온다"고 내가 지어서 말했습니다만 내가 짓고 봐도 잘 지은 것 같습니다.

여러분, 기운이 없이는 못삽니다. 은행나무도 기운이 없으면 올라가지를 못하지요. 용문사에는 천 년을 묵은 은행나무가 있는데 그 높이가 60m입니다. 그런데 그 나무가 하루에 먹는 물이 50드럼이랍니다. 50드럼을 먹어야 그렇게 기운을 쓰지 그렇지 않으면 기운을 못 쓰지요. 그래서 우리 기독교에서는 50드럼 물이라는 말 대신에 하나님의 성령의 도우심이라는 말을 쓰고 또 말씀이라는 말로도 합니다. 50드럼의 말씀을 먹어야 기운을 쓰지요.

그래서 나는 기쁨이란 진리를 깨닫는 기쁨 이상 기쁜 게 없다고 생각합니다. 그래서 나는 자꾸 법열이라 그럽니다. 법열을 내놓고는 딴 기쁨이란 게 별로 시원치 않습니다. 그래서 인산이 기쁨을 느끼는 90%가 지적인 기쁨이랍니다. 감정적으로, 의지적으로 느끼는 기쁨이란 10%밖에 되지 않는다고 합니다. 그러니까 인간은 역시 이성적 동물이라 할 만큼 지적인 내용에서 오는 기쁨이 아니면 별로 시원치 않습니다. 이 지적인 기쁨이란 우리가 진리를 깨닫는 기쁨이지 그 이상 별게 없습니다.

내가 일생을 기쁘게 산다고 하는 말은 내가 일생을 교회에 다녔다는 말입니다. 나는 우리 어머니 뱃속부터 교회에 다녔습니다. 내 일생 동안에 하나님의 물을 50드럼쯤 마셨는지는 모르지만 하여튼 나는 굉장히 많은 물을 먹고 자랐습니다. 그밖에는 다른 기쁨의 원인은 없습니다. 일생을 나처럼 팔자 좋게 산 사람도 없습니다. 나는 지금 이화대학에서도 월급을 굉장히 많이 받습니다. 그러나 가르치는 시간은 그저 여섯 시간밖에 안 됩니다. 하루에 한 시간 가르치고서 나는 아주 최고의 월급을 받습니다. 이렇게 편안하고 쉽게 사는 게 어디 있겠습니까. 왜 그런가 하니 내가 교목을 한다고 해서 그저 몇 시간만 가르치면 된다 하니 아주 이렇게 쉽게 삽니다.

나는 내 일생의 표어라고나 할까, 그런 것이 있다면 그저 간단하고 쉽게 사는 것, 그것이 내 일생의 표어입니다. 나는 복잡한 것은 아주 싫어합니다. 오늘 여러분들에게 방석을 깔아 드리고 스팀도 넣었습니다. 이제 날씨가 추워지면 스팀도 좀 더 때고 해서 금년 겨울에는 좀 편안히 지내야겠습니다. 간단하고 쉽게 살자는 것이 나의 생의 철학입니다. 그런데, 간단하고 쉽게 살려면 별게 없습니다. 체로금풍 되는 길밖에 없습니다. '체로'라고 하는 것이 간단하게 사는 비결이고, '금풍'이라고 하는 것이 또 쉽게 사는 비결입니다.

예수 그리스도라고 할 때 예수 그리스도가 무엇인가 하면 체로금풍입니다. 예수 그리스도의 생애도 결국 간단하고 쉽게 살았던 것입니다. 간단하게 사는 비결은 다른 것이 아무것도 없습니다. 하나님을 믿는 것, 그 이외엔 다른 길이 없습니다. 오죽했으면 하나라고 하겠습니까. 이 이상 더 간단한 게 어디에 있습니까. 하나 이상 더 간단한 게 이 세상에 어디 있겠습니까. 하나 이하란 없는 것이지요. 아홉보다 일곱보다 제일 간단한 게 바로 하나입니다. 그러니 하나인 하나님을 믿으면 자연히 생각이 간단해집니다. 간단해지면 통 걱정이 없습니다.

 나를 어떻게 보면 다른 사람들이 아마 바보 같다고 할지도 모르겠습니다. 그러나 나는 언제나 생을 낙관하고 사는 겁니다. 인생을 걱정하지 않고 간단하게 살아가는 방법은 믿음밖에 없습니다.

 여러분들은 믿음이라고 하면 대단한 것으로 생각하지만 나는 그렇게 생각하지 않습니다. 교회에 나오는 그것을 나는 믿음으로 생각합니다. 이는 바로 무엇이냐 하면 하나님의 말씀을 배우려는 태도이며 그것이 곧 믿음입니다.

 나는 스스로 나에게 믿음이 있다고 생각해 본 일이 없습니다. 여러분에게도 나는 믿음이 없다는 소리를 가끔 합니다. 나는 믿음이 없지만 교회는 열심히 나옵니다. 아마 우리 교회에 제일 일찍 나오는 이들 중에서 내가 또 제일 일찍 나올 겁니다. 만약 여기서 9시 20분에 시작한다면 나는 이미 9시 전에 늘 나와 있으니까요. 과거에도 10시에 교회를 시작한다면 대개 9시 전에는 나옵니다. 될 수 있는 대로 나는 일찍 나옵니다. 내가 교회에 제일 일찍 나오고, 제일 늦게 가는 사람 중에 한 사람입니다.

 나는 일생을 교회에 다녔습니다. 그래서 수많은 목사님의 설교를 들었습니다. 너무 많이 들어서 이제는 비가 많이 오면 아무데서나 샘물이 솟듯이 입만 열면 자꾸 물이 나옵니다. 나는 설교 준비라고는 별로 하지 않습니다. 하도 그동안에 많이 들었으니까 이제는 그저 입만 벌리면 되지요. 그동안에 들은 것만도 다 하려 해도 끝이 없어요. 그러나 나는 재미있는 말은 못합니다. 그저 어쩌다 과거에 목사님들께 들은 얘기 중 생각나는 것, 그런 말을 하지, 새로운 말은 할 줄 모릅니다. 그렇지만 내가 여러분께 말하고 싶은 건 하여튼 기쁘게 사는 겁니다. 아무 걱정 없이 간단하게 그렇게 사는 겁니다. 그것이 결국 믿음입니다.

믿음이라는 말은 동양인은 잘 모릅니다. 동양에서는 하나님이라는 생각이 발달하지 못했어요. 그건 우리가 유태인에게서 배워야 하겠습니다. 우리는 믿음이라고 하면 그저 사람과 사람과의 관계, '붕우유신朋友有信' 그 정도로 생각했지 하나님을 믿는다는, 그런 건 생각하지 못했습니다. 그 대신 우리 동양인들은 깨닫는다는 말, 진리를 깨닫는다는 말을 썼지요. 그래서 동양인들의 진리를 깨닫는다는 말과, 유태인들의 개념으로서의 믿음이라는 말이 제일 가까운 것 같습니다.

믿음이란 것이 그래서 별 것이 아닌, 진리를 깨닫고 사는 겁니다. 성경에서는 "너희는 언제나 깨어 있어라"고 합니다. 이 깨어 있어야 한다는 것은 잠자지 말라는 말이 아닙니다.

어제 누군가가 우리 집에 9시쯤 전화를 했던 모양인데 우리 집 식구 어떤 분이 벌써 자니까 내일 아침에 다시 전화하라고 했었던가 봅니다. 나는 어저께는 8시에 잤습니다. 나는 더 일찍 자라면 7시에도 잡니다. 내가 세상에서 제일 좋아하는 것이 자는 겁니다. 자는 것 이상 세상에 쉬운 게 없습니다. 나는 잠자리에만 들어가면 그렇게 편안할 수가 없습니다. 그래서 내가 아마 서울에서 제일 일찍 자는 사람들 중의 한 사람일 것입니다.

"깨어 있어라"고 하는 말은 잠자지 말라는 말이 아닙니다. 이 "깨어 있어라"는 말은 "진리를 깨달아라"는 그 말입니다. 그래서 진리의 등불을 켜라는 겁니다. 기독교식으로 말하면 믿음의 등불을 켠다는, 그런 말도 됩니다. 그래서 기름의 열 처녀 비유가 있지요. 기름은 성령의 기름, 즉 말씀에 성령의 기름을 넣고 믿음의 등불을 켜라는 말이지요. 이를 동양식으로 말하면 곧 진리의 등불을 켜는 것입니다. 깨닫고 살라는 말이지요.

깨닫고 살면 예수께서는 아무 때나 오셔도 괜찮습니다. 세상에서는 진리를 깨닫는다는 것이 정말 중요하다고 봅니다. 진리를 깨닫는다는 말은 결국 하나님과 나와의 관계가 바로 잡힌다는 것입니다.

누가 나에게 너는 언제 진리를 깨달았느냐고 물으면 나는 진리를 7살에 깨달았다고 하겠습니다. 7살의 언제 깨달았느냐고 하면 자면서 깨달았다고 하겠습니다. 자면서 꿈을 꾸었습니다. 주일학교에 다닐 때였는데 꿈속에서 하나님이 보좌에 앉아 계신데 내가 하나님의 발을 얼싸안았던 것입니다. 그리고 쳐다봤더니 하나님 얼굴은 안 보였습니다. 어린애의 꿈이지요. 그런데 그게 지금까지도 똑똑합니다. 내 일생에서 그 꿈은 내게서 사라지지 않습니다. 그 외에도 꿈이야 무수히 꾸었겠지만 다 개꿈들이지요. 그런데 이 꿈만은 정말 진짜 꿈이지요. 나는 그래서 내가 지금도 하나님의 발을 안고 있다고 생각합니다. 그래서 임마누엘이라는 사실이지요. 하나님이 나와 같이 계신다는 이런 것이 결국 하나의 진리를 깨닫는 거지요. 하나님이 나와 함께 계신다는 이것이 바로 진리를 깨닫는 일입니다.

진리라는 게 별게 아닙니다. 하나님이 나와 함께 계신다는 이것이 참으로 공상도 아니고, 망상도 아닌, 뭔지는 잘 모르지만 언제나 내 마음에 꽉 차 있어서 평생 동안 계속해오는 겁니다. 그러니까 별로 걱정이 없습니다. 꿈을 꾸겠다고 해서 꿈이 꿔지는 것이 아닙니다. 나에게는 저절로 꾸어진 꿈이 그렇게 근사하게 되어서 일생을 가고 있습니다.

그리고 내가 학문적으로 진리를 좀 맛보았다 하는 건 35세 때입니다. 3월 17일 오전 9시 5분, 내 나이 만 35세 때. 이건 자는 것도 아닙니다. 의식이 바로 삼층 천으로 올라가는 겁니다. 무의식 속의 의식이지요. 그래서 그때 내가 진리를 맛보는 경험을 했습니다. 그 경험이란 바로 근본경험이라고 하는 겁니다. 그런데 그 경험 속에서 나도 모르는 글을 썼습니다. 한시漢詩를 넉 줄로 썼습니다. 그 글은 나도 잘 모르는 글인데, 그 글을 내가 일생 동안 찾고 있습니다. 그만큼 그 글은 내게 굉장한 무얼 주고 있습니다. 그 글이 뭔지는 모르지만 내게 굉장한 힘을 준다는 것이지요.

그리고 그 경험 후에 내가 결론적으로 시작한 건 1일 1식食입니다. 아까 내가 간단히 산다고 말을 했습니다만 하루에 한 끼 먹고 사니까 이리 간단할 수가 없습니다. 아침에 조반 준비가 필요 없고, 점심에도 도시락을 가져올 필요도 없고, 그저 저녁에 집에 가서 밥 먹고 잠자면 됩니다. 하루에 밥 한 끼 먹으니 아주 간단하고, 또 잠자니까 그리 쉽고, 이 얼마나 쉽습니까. 주머니에는 돈이 필요 없습니다. 나는 꼭 한 달에 3천원이 필요합니다. 이발소에 가야 하니까요. 그 외에는 통 돈이 필요 없어요. 저녁에 가서 자고, 아침에는 학교에 오고, 또 학교에서는 돈을 도로 줍니다.

내 나이 35세 때 근본경험, 즉 기독교식으로 하면 성령을 받았다고 말할 수 있는데, 그 근본경험은 불과 몇 초 밖에 안 되는 순간적인 일입니다. 즉 내게 하나님이 하시는 말씀을 내가 받은 것이지요. 또 그걸 받으면 그 말씀대로 살지 않을 수가 없습니다.

그러니 결국은 내 경험으로 말하면 불을 켜 놓으라든가 깨어있으라는 것이 내게는 두 번 있습니다. 7살 때와 35살 때 있었지요. 그러니 7살 때부터 35살까지는 꿈으로 살았고, 35살부터 지금까지는 두 번째 경험으로 살고 있습니다.

어떤 경험을 가지고 산다든가, 하나님의 말씀을 가지고 산다는, 그런 삶, 그것이 결국 깨어서 사는 거라고 나는 생각합니다. 이렇게 되니 그리스도가 언제 와도 좋다는 것이지요. 그리스도가 언제 오시기보다도 나는 늘 그리스도와 같이 살고 있다고 생각하니 올 것도 없어요. 이미 다 와 있으니까요. 이것이 곧 신앙생활이 아닌가 합니다.

그래서 예수께서 너희는 언제나 깨어 있으라고 한 말은 쉽게 말하면 곧 믿음을 가지고 살아가라, 서양식으로는 근본경험을 가지고 살아라, 또 더 쉽게 말하자면 하나님의 말씀을 가지고 살아가라는 뜻이지요. 그것이 곧 믿음으로 사는 것입니다.

안식일

1982년 11월 21일

누가복음 13:10~21

이 여자도 아브라함의 자손인데, 18년 동안이나 사탄에게 매여 있었다. 그런데 안식일이라 하여 이 여자를 사탄의 사슬에서 풀어 주지 말아야 한단 말이냐?

오늘은 제목이 〈안식일〉인데, 이 안식일을 위해서는 우리가 성경 구절 세 마디를 알아야 됩니다.

하나는 신명기 5장 15절이고, 다음은 마가복음 2장 27절을 알아야 됩니다. 그리고 또 하나는 요한복음 5장 17절, 그 세 마디를 알면 대개 안식일이 어떤 건지 알 수 있습니다. 그래서 이제부터 그 세 절을 여러분에게 설명하겠습니다.

유태사람들에게는 안식일이 상당히 중요합니다. 기독교인들에게 주일이 중요하듯이 유태사람들에겐 안식일이 중요합니다. 물론 여러분도 아시다시피 안식일은 토요일입니다. 그리고 우리 주일은 일요일이 됩니다.

　유태인은 자기 자신들이 하나님이 특별히 택하신 백성, 즉 하나님의 선민選民이라고 합니다. 그래서 다른 민족보다 아주 우수하다는 자만심을 가지고 있는 것 같습니다.

　사실 예수가 유태인이라는 것, 그것을 생각하면 모든 유태인들 중에서 큰 사람이 나온 건 사실입니다. 또 여러분이 다 잘 아는 아인슈타인이 유태사람입니다. 칼 마르크스도 유태사람입니다. 스피노자도 유태사람입니다. 유태사람 가운데 참 똑똑한 사람이 많습니다. 그야 물론 다른 나라에도 똑똑한 사람이 많지요. 그러니까 그런 똑똑한 사람이 많은 것만 가지고 유태사람들이 뽐낼 수는 없습니다.

　그렇지만 유태인들은 전통적으로 자기네들은 하나님께 특별히 뽑힌 민족이라고 생각하는데, 왜 그러냐 하면 아브라함을 하나님께서 불러내어서 특별히 아브라함에게 축복을 내렸는데 자기네들은 바로 그 아브라함의 자손이기 때문에 자기들은 축복받은 민족이라고 하는 것입니다.

　아브라함의 자손은 유태사람만은 아닙니다. 아랍인 전체가 아브라함의 자손입니다. 그러니까 유태인들만 그렇게 뽐낼 건 없겠지만, 하여튼 아랍 사람들은 아브라함의 종의 몸에서 난 자손들이고, 자기네들은 아브라함의 아내의 몸에서 난 자손들이다. 그래서 자기네들이 특별히 더 뽐낼 만하다고 그럽니다. 그러나 그까짓 것은 문제도 안 되는 것입니다.

하지만 유태인들은 자기네들이 뽑힌 사람들이라 생각하고 그걸 증명하기 위해서 그들은 두 가지를 지킵니다. 하나는 어린 아이를 낳으면 몸의 일부에 상처를 냅니다. '할례割禮'라고 합니다. 그래서 유태인들은 낳은 지 8일 만에 할례를 받기 때문에 누구나 상처를 가지고 있습니다. 그러므로 유태사람은 자기가 유태인이란 걸 숨길 수가 없습니다. 그건 몸에다 아주 하나의 도장을 찍어 놓는 것이지요.

그리고 또 하나, 유태사람들은 자기네가 유태사람임을 증명하는 것으로 '안식일'을 지킵니다. 유태사람은 안식일을 지키지 않으면 유태사람이 될 수 없게끔 되어 있습니다. 그래서 유태사람에게 안식일을 지킨다는 것은 그들의 민족적인 긍지를 표현하는 하나의 수단입니다. 그러니까 우리들이 일요일에 모인다는 것과는 성질이 좀 다릅니다. 그건 민족의식입니다. 그러므로 유태사람은 꼭 안식일을 지켜야지, 안식일을 안 지킬 수가 없습니다.

또 유태사람들이 강조하는 것으로서 외국 사람과 절대 결혼을 못하게 합니다. 외국 사람과 결혼하면 유태 집단에서 내쫓습니다. 내쫓긴 사람들이 소위 사마리아 사람들이라는 거죠. 성경에 사마리아 사람이라고 나오지 않습니까. 그렇게 자기네들끼리만 결혼을 하는 집단의식이랄까 민족의식이라는 게 강합니다.

그러니까 안식일을 지킨다는 게 그 사람들에게는 가장 소중한 것이기 때문에 안식일에 대한 그들의 조건이 많습니다. 그중에서 제일 문제되는 게 안식일에 일하지 말라는 겁니다. 일하지 않기 때문에 또 안식일이라 하겠지요. 그런데 그것도 또 세밀하게 나눠서 길도 걷지 말라, 병도 고치지 말라, 밥도 하지 말라, 하지 말라는 게 굉장히 많습니다. 이리하여 그 사람들은 자기네들만 안식일을 될 수 있는 대로 엄숙히 지키기 위해서 애를 쓰는 거지요.

그런데 예수님께서 안식일을 어겼다는 것, 이것이 유태사람들에겐 굉장한 문제가 된 거지요. 어떤 의미로 말하자면 민족반역자입니다. 그러니까 예수를 죽인 이유의 90%가 아마 안식일을 범했다는 것 때문에 죽였을 것입니다. 그만큼 안식일이 유태인에게는 우리가 상상할 수 없는 특이한 것입니다.

전번에 말했지만 로마 사람들에게 유태사람들이 하도 질기게 달라붙으니까 로마 측에서 이제는 하는 수가 없다고 해서 결국 안식일에 예루살렘을 공격했습니다. 그런데 유태사람들은 어찌나 지독한지 안식일에는 절대 싸울 수 없다 해서 그대로 다 앉아서 죽었답니다. 그만큼 안식일에 대해서 지독한 사람들입니다. 그러니까 우리가 그저 일요일에 이렇게 모이는 정도가 아닙니다.

그때에 예수께서 안식일을 범했다는데 대해 왜 예수께서 안식일을 범했을까. 그것은 신명기 5장 15절에 있는 말을 우리가 알아야 됩니다. 하나님께서 왜 유태사람들에게 안식일을 주셨나 하는 이유가 거기 나와 있습니다.

하나님께서 안식일을 주신 이유란 게 별게 아니고 유태인의 역사는 출애굽에서 시작하는데, 애굽에서 나왔다고 하는 해방, 그것이 유태교의 근본입니다. 우리의 해방과 같은 것이지요. 우리가 왜놈에서 해방된 것과 마찬가지로 그들은 애굽에서부터 해방된 것입니다. 이 유태교란 결국 모세로부터 시작하는 거죠. 그러니까 하나님이 유태사람들에게 안식일을 왜 주었나 하면 유태인들 너희가 이때껏 이집트 사람들에게 잡혀서 고생을 많이 했고, 또 종살이 하느라 얼마나 고달프고 피곤하냐. 그러니까 이제 해방이 됐으니 좀 쉬어라 그겁니다. 지금 너희가 몸이 피곤하고, 피골이 상접하고 지쳤으니 너희들이 너희의 생명을 회복하기 위해서 푹 쉬라는 것이었죠. 아마 처음 해방되어서는 푹 쉬었겠지요. 그리고 그것을 기념하기 위해서 계속해서 안식일을 지키라는 것이죠. 그래서 크게는 1년에 한 번, 7월 10일 해방된 날을 그 사람들이 지키는 것이고, 그러다 7일에 한 번씩 지키는 것으로 되어가는 거죠.

그러니까 결국 안식일의 뜻은 지금까지 애쓰고 고생을 많이 하였으니까 편안하게 쉰다는 뜻입니다. 한 주일 내내 놀다가 일요일 또 놀라는 게 아닙니다. 그저 네가 지금껏 종노릇 하느라고 고생을 많이 했으니 쉬어라 그겁니다. 그러니까 다시 생명의 풍요로움을 얻기 위해서 푹 쉬고 기운을 회복하여 생명을 회복하라는 말씀이지요. 예수께서는 그래서 그 이래라 저래라 하는 규칙이 문제가 아니라 그 안식일의 의미가 문제였던 것입니다.

안식일이란 생명을 회복하는 날이니까, 해방의 날이니까 결국 이 환자가 18년 동안이나 병에 시달리면서 얼마나 고생을 했겠느냐. 그러니까 이 병에 사로잡혀 고생하는 사람들을 병으로부터 해방시켜 주어서 생명을 회복하게 하는 것이 안식일의 본뜻이지, 그 외에 무슨 안식이 있겠느냐는 것이지요. 그러니 예수께서는 그 의미를 이해하여 그 뜻을 실천하신 것이며, 다른 사람들은 안식의 뜻도 모른 채 그저 안식일을 지키라 하니 지키는 것뿐이었지요.

그러면 어떻게 지키나. 일하지 말라 하니 무조건 일을 안 한다는 것이지요. 그런데 예수께서 병을 고치는 일을 하시니 이것이 말이 되냐고 반발을 하는 것이지요. 이것은 하나님의 뜻을 아는 사람과 모르는 사람의 차이입니다. 세상에는 그런 게 참 많지 않습니까. 뜻을 알고 사는 것과 뜻을 모르고 사는 것, 뜻을 알면 표상 숭배가 되고, 뜻을 모르면 우상 숭배가 되는, 그 차이입니다. 모르고 절하면 우상 숭배가 되고, 알고 절하면 백 번 절해도 아무렇지도 않은 것과 같습니다.

그러니 예수는 안식의 뜻을 확실히 알고, 아! 안식의 뜻이 곧 인간해방 운동이구나. 그러므로 오늘이야말로 병자를 고쳐 주는 게 당연하구나. 그래서 일하는 겁니다. 거기에 대해서 다른 사람들은 뜻도 모르고 그저 형식적으로만 안식일에는 이렇게 해야 되나 보다고 했는데, 예수께서 거기에 거슬리니 미워하고, 나중에는 잡아 죽이기까지 하는 거죠. 그러니 인생을 사는 데 있어서 인생의 뜻을 알고 사느냐, 모르고 사느냐가 가장 중요한 문제입니다. 인생의 뜻을 모르고 살면 이 인생이라는 게 우상에 불과합니다. 그러나 인생의 뜻을 알고 살면 이 인생이라고 하는 게 신앙이 아닙니까. 신앙이라고 하는 게 무엇입니까. 뜻을 알고 사는 거지요. 다른 게 뭐 또 있습니까. 그러니까 예수께서는 생명을 회복해 주는 것이 뜻이로구나 해서 병을 고쳐 주는 것입니다.

그런데 예수와 그 회당장이라는 사람의 태도를 볼 때 예수는 18년이나 병에 시달려 고생해 온 사람을 고쳐주셨는데 그 얼마나 좋습니까. "아! 정말 다행이다"라며 같이 기뻐해야 할 텐데, 기뻐하기는커녕 거기에다가 조건을 건다는 게 정말 얄밉지 않습니까. 다른 사람이 억울한 일을 당했다면 "아! 안됐다" 다른 사람이 잘됐다면 "아! 잘됐다"는 그러한 공감이 있어야 될 텐데 그게 없지 않습니까. 예수께서는 정말 우는 자와 같이 울고, 웃는 자와 같이 웃으시니 이렇게 되어야 좋은 것 아닙니까. 그런데 꼭 조건을 걸어서 고칠 것이더라도 아, 어제 와서 고쳐주지, 왜 오늘 와서 고쳐 주냐는 식으로 문제를 삼으니 세상은 그런 사람들 때문에 괴롭지요.

무조건 기뻐할 수 있고, 무조건 슬퍼할 수 있는, 그런 마음이 예수님 마음 아니겠습니까. 그런 마음이지 예수님 마음이야 그 밖에 뭐 있겠습니까. 그저 자꾸 갈쿠리를 거는, 그런 마음은 정말 좋지 않습니다. 그저 순진하고, 솔직한 마음으로 우리가 자란다면 얼마나 좋습니까.

그래서 결국 안식이라는 것은 생명의 풍요, 생명의 회복이라는 뜻입니다. 또 안식일을 기독교에서는 왜 토요일이 아니고 일요일로 정했나 하면, 유태사람들은 애굽에 붙잡혔다가 해방된 날이 좋아서 안식일로 지키지만, 우리는 애굽에 붙잡힌 게 아니고, 죽음에 붙잡혔다가 죽음에서 해방된 날, 즉 부활하신 날을 기념하기 위해서 우리는 일요일을 지키는 것이지요. 예수께서 금요일에 죽었다가 일요일에 다시 살아나셨으니 죽음으로부터 해방, 그것을 기념하기 위해서 매 일요일마다 쉬는 것입니다. 그러니 안식일 뜻이나, 우리 주일의 뜻이나 뜻은 같습니다. 고역에서 해방된 것이나, 죽음에서부터 해방된 것이나 뜻은 다 같은 뜻입니다.

그러니 일요일에는 무언가 풀리는 데가 있고, 마음이 좀 시원한 데가 있고 그렇지요. 찬송가라도 같이 한 절 부르면 무언가 시원한 데가 있어 즐거운 마음이 되는 거지요. 그래서 언제나 걸리는 데가 없이 풀어진다는 것, 그것이 이 안식일에 가장 중요한 겁니다.

그런데 우리에게서 진짜 안식일이 무엇인가 하면 자는 겁니다. 인생에 있어서 가장 좋은 게 뭡니까. 잠자는 것 아닙니까. 나는 그렇게 생각합니다.

세상에서 제일 괴로운 게 아마 잠 못 자는 것입니다. 그래서 미국 스파이는 소련에 붙잡혀 가면 그들은 총으로 탕 쏘아서 죽이지 않는답니다. 가장 괴롭히다가 죽이는데 소련 사람들이 가장 괴롭히는 수단이라고 발명한 게 잠 안 재우는 것입니다. 사람은 한 주일 잠 안 자면 죽습니다. 계속 잠시도 잠을 못 자게 해서 1초도 잠을 자지 못하게 하면 사람은 한 주일 만에 죽고 맙니다. 그게 고통 중에서도 가장 큰 고통입니다.

요사이 사람들 중에는 가끔 자기 자신을 괴롭히는 사람이 있는 것 같습니다. 자기 자신을 잠 못 자게 하는 사람들, 나는 그래서 요사이 교회에서 철야기도하는 것, 그것 제일 나쁘다고 생각해요. 또 크리스마스 때도 밤샘을 한다고 야단이지요. 그러나 나는 밤샘을 하는 것은 질색입니다. 그것만은 없었으면 좋겠습니다.

철야기도를 하다가 성령을 받았다고 하는 사람들이 요새 참

안식일 151

많습니다만 그게 다 도깨비를 만난 것이지요. 정신분열이 된 것을 가지고 성령 받았다고 합니다. 철야기도를 했는데 왜 성령이 내리겠습니까. 성령이 미쳤습니까. 그런 데까지 내리게 말입니다. 난 철야기도하다가 성령 받은 사람들은 다 도깨비를 만난 것이라 생각합니다. 이 성령은 고단함이 풀린 사람, 생명이 풍부한 사람에게 즉 건강한 정신에 내리지, 잠을 못자서 고단한데 성령이 내리겠습니까. 그런 건 다 도깨비가 내린 것입니다. 요사이 성령을 받았다고 하면서 와서 하는 짓들을 보면 다 도깨비 받은 짓들입니다. 그래서 한국 교회가 야단났습니다. 자꾸 도깨비를 만납니다. 그런 징조가 많이 나타나고 있습니다. 그런데 그런 사람들의 태반이 잠을 잘못 자서 나온 겁니다.

또 대학생들 가운데서 도깨비 만난 사람이 많습니다. 그건 아마 고등학교의 3학년 때의 입시공부 때문일 겁니다. 자고 싶은 잠을 못 자게 해서 괴롭히니 견디겠습니까. 그래서 정신이상된 학생들이 많습니다. 어제 신문을 보니까 서강 대학생이 자기 선생님을 찔러 죽였다고 합니다. 요전에 또 서울대학에서 발표한 것을 보니까 작년에 입학한 학생 중에서 170명인가 하는 학생이 정신이상이랍니다. 그 학생들은 한창 잘 때가 아닙니까. 그걸 못 자게 하니 이건 뭐 소련 이상입니다. 소련은 외국서 온 스파이에게나 그러지만 이건 제 자식 잠 안 재워서 죽입니다. 이걸 사랑이라고 하고 있으니 그건 부모네가 벌써 도깨비를 만난 겁니다.

  이 잠을 안 자는 게, 못 자는 게 정말 큰일입니다. 요전에도 얘기했지만 우리 국문학 3학년 아이가 자꾸자꾸 공부하려고 하다가 1시 지나니, 2시 지나고, 3시, 4시가 지나고, 결국 그러다가 밤을 새우고 말았어요. 잠이 아주 안 오는 거예요. 그래서 나중엔 성모병원 정신병동에 들어가게 됐어요. 나더러 한번 만나보라고 하여서 갔는데 다 죽게 되었어요. 의사에게 물어봤더니 한 달 못갈 거라고 했습니다. 거기에는 정신병자들이 발광할까봐 지키는 사람들이 있었습니다. 그런 곳에 들어가서 그 학생이 1년 있었습니다. 그래서 내가 의사보고 부탁을 했어요. 이제 한 달 있다가 죽을 것이라면 부모한테 돌려보내라고 해서 부모에게 보내주었어요. 그래서 부모한테 내가 그랬어요. 다른 것 할 것 없이 경치 좋은 시골에 데리고 가서 보약 좀 먹이면서 쉬게 하라고. 이 아이가 바짝 긴장을 하고 있으니 어디 견디겠는가. 그래서 보약을 가지고 시골 바닷가로 가서 쉬었어요.

  나중에 학교 운동장에서 내가 그 애를 만났는데 새까맣게 탔어요. 그런데 그 애의 말이 시골 가서 지내면서 어느 날부터 잠을 자기 시작했는데 계속해서 한 주일을 잤더랍니다. 한 주일을 자고나니 깨끗해지더랍니다. 그래서 더 튼튼해져 와서는 이화대학을 졸업하고 요전에는 어린애 둘을 데리고 와서는 어떠냐고 물었더니 "아, 잘 잡니다"고 해요.

안식 이상으로 중요한 게 어디 있습니까. 그런데 왜 안 잡니까. 나는 인생에 있어서 제일 중요한 게 잠이라고 생각합니다. 믿음이 무엇인가. 한마디로 말하면 잠입니다. 잠 안 자고서 믿는다는 것, 그것은 다 거짓말입니다.

믿음이 무엇인가. 잠, 잠이 안 온다고 해서 약을 먹어야 잠을 자고 하는, 그런 건 말도 안 됩니다. 잠처럼 잘 오는 게 어디 있습니까. 오지 말래도 자꾸 오는 게 잠입니다.

나는 7시에 누워도 자고, 6시에 누워도 잡니다. 내가 잘하는 것은 그것밖에 없어요. 나는 믿음이 굉장히 많다고 생각합니다. 잘 수 있으니까요.

옛날 동양 사람들이 도道라고 하는 건 뭡니까 물으니 도란 잠자는 것하고, 또 하나 무엇이라고 했습니다. 도의 절반은 잠입니다. 잘 수 있으면 그게 도입니다. 그런데 잠을 안 자고 예수를 믿는다니 그게 말이 됩니까. 철야기도가 뭡니까. 기도는 언제 해야 되나. 실컷 자고 나서 해야 됩니다. 그렇지 않고는 절대 성령을 못 받습니다. 가장 내 정신이 깨끗해졌을 때, 그때 기도하여도 성령을 받기가 힘 드는데 잠을 안자고 피곤한 상태에서 성령이 됩니까. 마음이 가난한 자는 복이 있나니, 마음이 언제 가난해집니까. 실컷 자고난 때에 가난해지지 다른 때 언제 가난해집니까. 하여튼 잠자는 게 천당입니다. 그 이상은 나는 모릅니다.

여러분에게서도 제일 중요한 게 잠자는 겁니다. 잠을 자되 깊이 자야 합니다. 우리 선생님은 하루에 꼭 4시간 잤습니다. 그런데 일단 잠이 들면 칼로 찔러도 모릅니다. 그 정도로 깊이 잡니다. 잘 때처럼 생명의 풍성이 어디 있습니까. 잠잔다는 것은 곧 신진대사 한다는 겁니다. 신진대사란 노폐물이 다 빠져나가고 새로운 기운이 생기는 겁니다. 그래서 예수께서는 누룩을 두는 것과 같다고 하셨습니다. 노폐물이 빠져나가고 새로운 기운이 누룩처럼 부풀어오르는 힘을 줍니다. 아침에 일어나면 자꾸 산에 올라가고 싶지 않습니까.

갓난아이는 왜 그렇게 잡니까. 갓난아이는 1년이 지나면 벌써 자기 몸무게의 3배가 됩니다. 최고로 생명이 자라는 거죠. 잠을 잘 때 자라는 거죠. 거기에다 예수께서는 겨자씨의 비유를 들었습니다. 그 조그마한 겨자씨 한 알이 어떻게 그렇게 커지나. 별게 아닙니다. 자는 것 때문에 그렇습니다.

자는 것이 무엇인가. 그것이 하늘나라이지요. 하늘나라가 신앙이지요. 그러니까 잘 수 있어야 됩니다. 나도, 내 자식도, 온 동네도 잘 수 있어야 되고, 산천초목도 다 재워야 됩니다. 자지 않고는 고단해서 못삽니다.

요새 잠 못 자는 사람들이 자꾸 신경쇠약에 걸립니다. 왜냐면 못 자니까 고단해서 그렇습니다. 긴장을 풀어놓아 줄 잠이 있어야지 그렇지 못하면 견디지 못합니다.

우리 생활 속에서 자꾸 죄어드는 게 무엇이겠습니까. 죄어드는 것, 그게 바로 죄입니다. 우리의 몸과 마음을 한껏 푹 쉬게 해서 그 쉬는 속에서 무럭무럭 자라고 부풀어 오르는 생명이 안식의 참뜻입니다.

노자는 '잠'이란 무위자연이라고 했습니다. 노자는 '도'란 무위자연이라 했습니다. 아무것도 하지 않고 제 스스로 불타는 것, 그러니 잠을 빼고 신앙을 생각할 수 없습니다.

하나님 나라는 예배당 가는 게 아니라 잠자는 것입니다. 그러니까 믿음이라는 게 쉽습니다. 푹 쉬고 나면 얼마나 기분이 좋습니까. 하늘나라가 거기에 있습니다.

좁은 문
1982년 11월 28일

누가복음 13:22~35

　사실 많은 사람들이 구원의 문으로 들어가려고 하겠지만 들어가지 못할 것이다. 그러니 좁은 문으로 들어가도록 있는 힘을 다 하여라.

　오늘 설교 제목은 '좁은 문'입니다. 누가복음 13장 22절부터 35절까지에는 세 가지 이야기가 있는데, 첫째는 구원받는 사람은 매우 적다는 이야기며, 둘째는 여우같은 헤롯의 이야기며, 셋째는 "예루살렘아, 예루살렘아" 하고 예루살렘을 보시고 한탄하신 예수님의 이야기입니다.

　구원받는 사람이 적다는 말은 예수님만이 아니라 모든 성인들이 다 말했습니다. 공자에게 어떤 제자가 "글자 한 자를 가지고 인생을 살아가면서 가장 중요한 말로 삼으려면 어떤 글자가 되겠습니까?" 하고 물었을 때 어려울 '난難' 자를 지적했다고 합니다. 인생이 얼마나 어려운가를, 또 더 쉽게 말하면 사람 되기가 얼마나 어려운가를 말하는 것입니다.

석가는 일체개고一切皆苦라는 말을 썼는데 사람이 되려면 굉장한 고생을 해야 사람이 된다는 것입니다. 요즘 사람들은 자꾸 편안한 것만 생각하는데 그렇게 편안한 것만 찾아서는 사람이 되질 않습니다. 젊어서 고생은 금을 주고도 못 산다는 말도 있습니다.

예수께서는 십자가를 지고 나를 따르라고 했습니다. 십자가를 지고 나를 따라야지 그저 나를 수행해서는 안 된다는 것입니다. 이런 것으로 미루어 보건데 사람 되기도 상당히 어렵고, 구원받기도 상당히 어렵다는 것을 알 수 있습니다.

소크라테스는 철학이란 '죽는 연습'이라고 했습니다. 우리가 몇 번이나 죽는 연습을 해야 사람이 되지 그 죽는 연습을 못하면 사람이 될 수 없다는 것입니다. 사람 된다는 것이 얼마나 어렵습니까. 제가 설명을 하지 않더라도 우리 각자가 다 실감으로 느낄 수 있을 것입니다.

우리 기독교에서는 어떻게 하면 사람이 되느냐고 할 때 거듭나야 사람이 된다고 말합니다. 거듭나야 사람이지 한 번 난 것을 가지고는 사람이라고 할 수 없다고 합니다. 두 번 나야 사람이 되는 것입니다. 사실 거듭난 사람은 그렇게 행복할 수가 없지요. 그렇지만 사람이 거듭나기란 그리 쉬운 일은 아닙니다. 참 어려운 일입니다.

그래서 성경에 보면 물과 성령으로 거듭나지 않으면 하늘나라에 들어갈 수 없다고 되어 있고, 물과 성령으로 거듭나기 위해 이 예배가 끝나면 곧 세례식을 베풀려고 합니다. 세례를 준다고 하는 것은 물과 성령으로 난다는 말입니다.

세례란 무엇입니까. 물속에 들어갔다가 나오는 것입니다. 물속에 들어갔다고 하는 것이 무엇을 뜻하는 것입니까. 죽었다가 다시 살아난다는 뜻입니다. 소크라테스의 말로 하면 죽는 연습입니다. 사람이 열 번이고, 백 번이고 죽을 뻔한, 그런 어려운 일을 겪어야 사람이 되지 좀처럼 사람이 되지 않습니다. 이처럼 사람의 어리석음이란 것은 끝이 없습니다.

술을 먹는 사람들 중에는 술을 먹고는 토하고 길바닥에 쓰러져서 개처럼 우줌을 질질 싸는 사람들도 있습니다. 그 사람들은 그런 꼴을 몇 번씩 계속하면서도 그 술을 끊지 못합니다. 술좌석에 가면 또 마십니다. 사람이란 그렇게 어리석은 동물입니다.

일본 속담에 "어리석은 병은 죽지 않으면 낫지 않는다"는 말이 있습니다. 그러니 죽도록 고생을 해야 조금 정신이 들지, 죽도록 고생을 하지 않으면 좀처럼 정신이 들기 어렵습니다. 그러니까 나이 많은 사람을 봐도 별로 사람 같은 사람이 많지 않은 것은 그렇게 살아오기가 어려우니까 그렇습니다.

그러니 예수께서 얘기한 것과 같이 너희들이 정말 애를 쓰지 않으면 어떻게 사람이 되겠느냐. 구멍가게를 하는 사람들은 새벽 5시부터 밤 11시, 12시까지 가게 문을 열어 놓고 돈을 벌려고 애를 써도 밥벌이도 제대로 안 된다고 합니다. 이렇게 돈 벌기도 어려운데 하물며 구원을 받는다는 것, 동양식으로 말하면 도를 얻는다는 것이 쉬울 리 없지 않습니까.

도는 얻는다고 해서 득도得道라는 말을 쓰는데, 도는 길 도道 자이고, 득은 얻을 득得 자인데, 이 도를 얻어야만 사람이 되는 것입니다. 그러니 이 도를 얻기가 얼마나 어렵겠습니까.

공자는 "아침에 도道를 얻으면 저녁에 죽어도 좋다"고 했습니다. 그 말은 아침에 사람이 되면 저녁에 죽어도 좋다는 소리지요. 그만큼 사람이, 사람이 되어서 한 세상 산다는 것이 소중한 것입니다. 그러므로 이 거듭나는 것, 즉 도를 얻는다는 것은 매우 소중한 것입니다.

성경에 보면 물과 성령으로 거듭난다는 말이 있는데 이를 동양식으로 말하면 일음일양위지도一陰一陽謂之道라고 되어 있습니다. 일음一陰이란 물이고, 일양一陽이란 성령이 되어 거듭나는 것입니다.

지금 여기에 과일이 있습니다만 이 과일이 바로 거듭난 것입니다. 거듭났다는 것은 과일을 심어서 또 과일이 되는 것을 말합니다. 이 과일을 심어서 과일이 되는 그동안에는 햇빛도 비쳐야 되고, 물도 있어야 하고, 바람도 맞아야 하는 고생을 해야 합니다. 이게 보기에는 쉽게 나타나는 것 같아도 그렇지 않습니다. 수많은 꽃이 피지만 그중에서도 과일이 되는 꽃은 몇 개뿐입니다. 또 열매는 많이 달렸어도 이것처럼 익어서 먹을 수 있는 열매는 또 몇 개 되지 않습니다. 이거야말로 거듭나는 것입니다. 그러므로 결국 거듭났다고 하는 것은 과일이 과일되는 것입니다. 또 이 거듭남을 사람으로 말하면 내가 나 되는 것입니다.

옛날 서산대사가 "80년 전 거시아八十年前渠是我요, 80년 후 거시아八十年後渠是我"라는 말을 했습니다. 80년 전 그게 나였고, 80년 동안 죽을 고생을 해서 이제 겨우 80년 만에 또 다시 내가 되었구나 하는 말이지요. 세상에 내가 나 되는 것처럼 행복한 것은 없습니다. 이렇듯 수도를 하지 않으면, 다시 말해서 내가 나 되지 못하면 그만 개가 되어 버리고 맙니다. 사람의 자식이 사람 자식이 되지 못하고, 개자식이 되고 맙니다. 이것이 인간의 운명이라면 운명이고, 불행이라면 불행입니다.

개는 수도를 하지 않아도 개가 됩니다. 개는 가만히 있어도 개가 됩니다. 그러나 사람은 한껏 노력을 해야만 사람이 됩니다. 어떻게 보면 저주를 받았다고도 할 수 있지만 그것이 인간의 운명입니다.

그러니까 예수께서도 너희가 그렇게 쉽게 사람이 될 줄 아느냐. 너희들이 그렇게 쉽게 구원 받을 수 있을 줄 아느냐고 하셨습니다. 굉장히 애쓰고 노력해야 구원을 받는 것이지 그리 쉽게 되는 것이 아니라는 것입니다. 그래서 좁은 문이라고 이름을 붙였고, 이 좁은 문으로 들어가야만 내가 나 되는 것, 본래적인 자아가 되는 것입니다. 80년 전의 내가, 80년 후에 내가 되는 것입니다. 알파와 오메가가 되는 것입니다. 하나님은 알파와 오메가입니다.

우리가 그동안 애써온 게 무엇인가. 결국은 내가 나 되려고 하는 노력입니다. 하나님께서 우리에게 명령하신 것이 있다면 네가 너 되어라 하는 것입니다. 그렇게 하자면 정말 물속에 들어갔다 나오고, 불 속에 들어갔다가 나와야 합니다. 마치 쇠가 그릇이 되려면 물속에도 들어가고, 불 속에도 들어가야만 쓸모 있는 그릇이 되듯이 우리도 하나님의 진리, 물과 성령의 불로써 훈련을 받고, 단련을 받아야만 사람 노릇을 하지 그렇지 않고서는 사람이 될 수 없습니다.

오늘 세례를 받는 분도 그저 머리 위에 물만 얹어 놓으면 다 된 것이 아닙니다. 이 물을 진리의 상징으로 받아들여서 우리가 정말 진리 속에 뛰어들고 생명 속에 뛰어들어서 진리와 생명을 물과 불을 통과하고, 가뭄과 장마도 다 통과하고, 그 '일음일양一陰一陽'을 통과해서 사과가 되듯이 우리가 한없는 노력을 하고 또 해서 정말 구원을 받아서 내가 나 되는 것입니다. 우리가 태초에 받은 하나님의 형상을 되찾는 것입니다. 그 외에 무슨 특별한 것이 있겠습니까. 내가 되는 것뿐입니다.

둘째 얘기는 헤롯 얘기인데, 헤롯이 예수를 죽이려고 한다고 했을 때 예수께서는 "그 여우같은 놈"이라고 했습니다. 전제군주 시대에 군주를 향해 '여우같은 놈'이라고 한다는 것은 있을 수 없는 일입니다. 그러니 목숨을 내놓고 하는 아주 무서운 말입니다.

그다음에 "헤롯이 널 죽이려면 죽이라고 해라. 나는 내 할 일을 해야 한다"고 하셨는데 이 말은 단테의 『신곡』에 인용되었으며, 또 칼 마르크스도 인용했다고 합니다. 마르크스가 그의 좌우명으로 제일 좋아한 말이 바로 이 말이었다고 합니다. 남이 지껄이는 대로 내버려 두어라. 나는 나의 길을 가련다. 그러니까 헤롯이 아무리 그를 죽이려고 해도 그의 길을 가고, 그의 일을 하는 그에게는 "나는 나대로 나의 길을 가련다"는 것입니다. 그 길은 바로 병든 자, 도깨비 들린 자를 고쳐 주고, 불쌍한 사람을 도와주고, 죽은 사람을 살리는, 즉 남을 살리기 위한 길이었습니다. 헤롯은 남을 죽이려고 하고, 예수는 남을 살리려고 했듯이, 세상에는 죽이려는 사람이 있으면 살리려는 사람도 있어야 합니다.

고아가 됐다고, 정신박약아가 됐다고 다 버리기만 하면 어떡

합니까. 그래도 홀트처럼 버린 고아나 정신박약자들을 모아 길러주고 도와주는 사람도 있어야 하는데, 그런 일을 우리 기독교에서 해야 하는 것이 아니겠습니까. 기독교에서 말하는 하나님의 사랑이 무엇입니까. 그런 사람을 사랑하는 것이 하나님의 사랑입니다. 어떤 의미로 말하면 그 사람들이 하나님이 아니겠습니까. 이 세상에서 짓밟힌 사람, 버림받은 사람, 그런 사람이 바로 하나님이 아니겠습니까.

우리는 하나님의 사랑이라면 하늘에다 대고 그저 기도만 하는 것이 하나님의 사랑인 줄 알지만 그것이 아닙니다. 하나님이 어디 하늘에 있습니까. 땅에서 짓밟히고 있는 분이 하나님이십니다. 그러니까 다른 사람에게 짓밟히고 있는 사람들을 도와주고 사랑하는 것이야말로 하나님의 사랑입니다. 예수님께서 병든 자를 고쳐주는 행위, 그것이 바로 하나님을 사랑하는 것입니다. 그러므로 이 기독교야말로 영원한 종교인 것입니다. 사람이 철이 들면 들수록 이 기독교라는 것을 깊이 알게 됩니다. 집에서도 제일 모자라고 부족한 자식에게 부모님의 사랑이 제일 많이 갑니다. 하나님이 제일 사랑하는 자가 있다면 바로 그런 사람일 것입니다.

파키스탄에 가서 전도할 사람을 구하는데 왜 특수교육과 졸업생을 구하느냐고 하지만 내가 생각하기에는 가장 모자라는 사람들에게 특수교육과 졸업생이 가서 따뜻한 사랑을 전해 주는 것이 가장 큰 전도라고 생각하기 때문입니다. 파키스탄 사람들이 그렇게 하는 것을 보고서야 그들이 아, 이 사람들이 진짜구나 하지, 그저 잘난 사람들만 잔뜩 모아놓고 예수 믿으라고 빽빽 소리만 질러봐야 안 믿을 것이기 때문이지요.

전번에 테레사 수녀가 왔을 때 얘기하기를 자기가 인도에 가서 한 것은 다 죽어가는 사람에게 죽음의 집을 지어준 것이라고 하더군요. 죽으면 죽으라고 그냥 내버려 두지 뭘 그렇게 할 필요가 있겠느냐고 하겠지만 그러나 죽을 때만이라도 좀 편안히 누워서 눈을 감으라고 그렇게 했다는 것입니다. 인도에서는 그냥 길바닥에 누워서 죽는 사람이 많답니다. 그저 길바닥에서 죽으라고 짓밟히는 사람들을 사랑하는 것, 그것이 하나님의 사랑입니다. 예수께서 하신 것이 바로 그것입니다.

누가복음 4장 18절, 내가 먼저 가난한 사람에게 복음을 전하고, 눈먼 자를 눈뜨게 하고, 포로 된 자를 놓아주고, 억눌린 자를 해방시켜준다 했듯이 예수의 오신 이유가 그것입니다. 그러니 예수가 곧 하나님의 사랑입니다. 헤롯, 너는 높은 자리에 올라가서 사람 죽일 것만 생각해라. 나는 사람을 살릴 것이니 네가 아무리 죽여도 나는 그 이상 계속 살려낼 것이다. 아무리 세상에 미움이 세어도 사랑을 넘어가지는 못하리라. 자식이 아무리 악해도 어머니의 사랑을 넘어가지는 못하리라. 새가 아무리 하늘을 높이 날고 날아도 새가 하늘을 날아 넘어갈 수는 없습니다. 역시 하나님의 사랑도 그 사랑을 우리가 그 안에서 믿고 또 느끼면서 사는 것입니다.

세 번째 이야기는 "예루살렘아, 예루살렘아" 하고 예루살렘을 보시고 한탄하신 예수님의 이야기입니다. 죽은 사람들을 살려내는 일을 누가 해야 하나 하면 바로 예루살렘인 것입니다. 유태사람이라고 하는 것이 사람 살리는 일을 위해서 특별히 뽑힌 사람들이 아니겠습니까. 이런 사람들을 선민選民이라고 합니다. 고로 예루살렘은 선민 가운데서도 또 선민인 것입니다.

우리에게는 한국의 서울이 있듯이 예루살렘에는 성전이 있고 그 속에는 지성소至聖所가 있어서 가장 거룩한 생명의 샘이 솟아나오는 데가 바로 예루살렘이 아닙니까. 그런 예루살렘이 어떻게 됐습니까. 기껏 생각한다는 것이 사람이나 죽이는 것이 되지 않았습니까. 예수를 죽인 사람이 누구였습니까. 헤롯과 제사장이 아닙니까. 그러니 예루살렘의 부패와 타락상은 말로 할 수가 없었습니다.

루터가 로마는 거룩한 도시라고 생각해 검은 옷을 입고서 거룩한 마음을 가지고서 로마로 갔는데 그 로마 법황청의 부패와 타락상이라는 건 이루 다 말할 수 없는 지경에 빠져 있었습니다. 루터는 그걸 보고서 "아, 이럴 수가 있는가. 이것은 지옥과 같은 로마이다"고 해서 법황청에 대해 반기를 들고 나오게 됩니다.

예루살렘이라고 하면 그곳은 바로 하나님의 대궐이 아니겠습니까. 그런데 그러한 예루살렘이 하는 일이란 부패와 타락으로 말할 수 없이 썩어 있었습니다. 그래서 예수께서 "예루살렘아, 예루살렘아" 하고 한탄하신 것입니다.

우리 학교에 다니는 어떤 학생이 말하기를 자기는 방학 때마다 시골에 내려가는데 제일 고민이 뭔가 하니 그곳엔 교회가 없다는 것이라고 하더군요. 그래서 어떻게 교회가 없을 수가 있느냐고 반문하였더니 교회가 많이 있긴 있지만 하나도 맘에 드는 교회가 없기 때문에 자기에게는 교회가 없는 것이나 마찬가지라고 대답하더군요. 이제 4학년이니 졸업하고 부산에 내려가게 되면 어느 교회를 다녀야 좋을지 걱정이라고 했습니다. 나는 딴 교회에는 가본 적이 없어서 그저 대학교회만 알고 있어 잘 모르겠는데 요새 교회들이 좀 이상한가 봅니다.

우리 대학에 계시던 어떤 선생님이 대구로 가셨는데 거기에서 교회를 찾다 찾다가 그만 못 찾아서 가톨릭 교회로 가고 말았답니다.

교회 꼴이 이렇게 되면 어떻게 합니까. 예수님께서 한국 교회를 향하여 또 통탄하지 않겠습니까. 한국을 구원하기 전에 한국 교회를 구원하고 한국 교회를 구원하기 전에 우리 대학교회를 구원하는 것이 우리에게 맡겨진 가장 중요한 일이라고 생각합니다. 사람 되기만 어려운 것이 아닙니다. 교회 되기란 더 어렵고, 나라 되기란 더 어렵습니다.

그러나 가장 기초는 사람 되는 일입니다. 사람이 되어야 교회도 되고, 나라도 됩니다. 그래서 대학大學에는 수신위본修身爲本이라는 말이 있습니다. 사람 되는 것이 가장 중요하지요. 그러기 위해서는 좁은 문을 통과해야 합니다.

요새 대학입시를 좁은 문이라고 하는데 천국문도 좁은 문입니다. 천국에 들어가려면 생명을 걸고 공격해 들어가야 된다는 말도 있습니다. 가치 있는 일은 그저 쉽게 이루어지는 것이 아닙니다. 모든 가치는 어렵고 희귀하다고 스피노자는 그의 윤리학의 결론에서 말하고 있습니다. 고귀한 것은 희귀한 것입니다. 좁은 문으로 들어가는 길, 그것이 인생길임에 틀림이 없습니다.

제 3 부
1983년 설교

하나님의 말씀이 무엇입니까.
다른 말로 하면 햇빛입니다.
하나님의 말씀을 자꾸 받아서
다시 말해 햇빛을 자꾸 쬐고, 쬐고 해서
우리 속에서 습기가 자꾸 빠져나가
썩지 않는, 썩을 수 없는,
소금이 되는 그것이
제일 중요한 것입니다.
살았다는 것은 무엇입니까.
썩지 않는 게 산 것입니다.

동 생

1983년 1월 9일

누가복음 14:12~14
  너는 잔치를 베풀 때에 오히려 가난한 사람, 불구자, 절름발이, 소경 같은 사람들을 불러라. 그러면 너는 행복하다. 그들은 갚지 못할 터이지만 의인들이 부활할 때에 하나님께서 대신 갚아 주실 것이다.

  오늘 이야기는 사람을 초청하는 이야기입니다. 음식을 차려 놓고 사람들을 초대할 때 잘 아는 사람이나 잘사는 사람, 그런 사람은 청하지 말라는 말입니다. 왜 청하면 안 되는가 하면 그런 사람들은 또 청해다가 그것을 갚을 것이기 때문에 청하지 말라는 것입니다.
  그러면 어떤 사람을 청해야 하는가. 네가 모르는 사람, 불쌍한 사람을 청해라. 왜 그런 사람을 청해야 하는가. 그러면 갚지 못하기 때문이다. 갚지 못한다면 손해 아닌가. 그때 예수님께서 아니 하나님께서 백 배, 천 배로 갚아 주신다는 것입니다. 그러니까 하나님께서 우리에게 축복을 하려고 해도, 잘사는 사람들을 청해다가 잘 대접을 하면 그 사람이 갚아주고 말기 때문에, 하나님께서 갚을 수가 없지 않느냐는 것입니다. 그러니까 잘살지 못하는 사람을 대접하면 그 사람들은 얻어먹고 갚지 못하니까 하나님께서 우리에게 갚아줄 수 있는 기회가 생기지 않느냐는 이야기입니다.

모르는 사람을 데려다가 대접하는 것이란 참 어려운 일입니다. 또 잘살지 못하는 사람을 데려다가 대접하는 것도 참 어려운 일입니다. 나도 그런 대접을 받아 보았는데 맨 처음에 미국에 갔을 때의 일입니다. 우리 교회 미국 선교사가 시애틀에 가면 자기 친구 중에 도티라는 사람이 있는데, 그 친구를 만나라고 하였습니다. 그래서 시애틀에 가서 그 사람을 만나게 되어 있었습니다. 그러나 시애틀에 내렸더니 그 사람은 어디 가서 나오지 못하고, 그 사람이 보냈다는 어떤 젊은 사람이 나와서 마중을 하면서 도티라는 사람이 어디에 좀 다니러 갔는데 그의 집에 가 있으라고 하더라면서 그 집엘 데려다 주었습니다.

집에 들어가니 그 사람이 나한테 편지를 써 놓았더군요. 그 편지에는 "며칠 동안 여기 있어도 좋다. 여기 있으면서 먹고 싶은 것 다 먹고, 침대에서 자고, 너희 집처럼 생각하라"고 쓰여 있었습니다. 냉장고를 열어 보았더니 별것이 다 있더군요. 먹을 것이 다 갖춰졌고 그처럼 아름다운 집도 처음 봤고, 그렇게 깨끗한 집도 처음 봤습니다. 그 집에서 사흘을 있게 되었는데, 그 집에서 사흘 동안 나 혼자 해먹고 그리고 돌아다니면서 구경을 하고는 마지막 날 막 떠나려고 하는데, 그 사람이 돌아왔어요. "어딜 가게 되어 참 미안하다. 그런데 비행장으로 곧 가야겠다." 오래 말할 수는 없는데 하여튼 지도 한 장을 꺼내면서 여기 너희 집이 어디 있는지 점을 찍으라고 하더군요. 지도 위에 서울의 위치를 찾아 점을 찍었더니 그 위에 225번이라고 써 넣는 것이었습니다.

그래서 왜 225번이라고 쓰느냐고 물었더니 그 사람 하는 말이, 우리 집에 와서 자고 먹고 간 한국 사람이 네가 225번째이기 때문이라고 설명해 주었습니다. 그 말을 듣고야, 미국엔 정말 크리스천이 있구나 생각을 하였습니다. 내가 묻기를 어떻게 해서 그런 생각을 했느냐고 물었더니, 우리 교회에서 너희 나라에 선교사를 보내고 있는데 그 선교사는 생명까지도 내놓고 가서 일을 하는데, 내가 너희 나라에 가서 봉사는 못하지만 우리나라에 찾아오는 한국 사람만이라도 대접해서 보내야 되지 않겠느냐고 말하더군요. 난 그 사람을 알지 못하는데, 하여간에 우리나라 사람들이 그 사람 집에 가서 225명이나 자고 갔다는 것입니다.

또 한 번은 졸업 때인데, 논문을 써야겠는데 내가 있는 학교에는 책이 얼마 없었습니다. 알아보니 시카고 대학에는 300만 권의 책이 있고 동양 것도 매우 많다는 것이었습니다. 그래서 시카고에서 한 달쯤 보낼 곳이 있었으면 얼마나 좋을까 하고 생각을 하면서 길을 걷고 있었습니다. 마침 그때 길에서 내가 다니던 학교의 어떤 학생을 하나 우연히 만나게 되었는데 그 사람이 날더러, 너 어디 가느냐고 묻지 않겠어요? 나, 시카고 간다. 시카고엘 왜 가니? 도서관엘 가려고 한다. 너, 시카고 가면 어디 있을 것인가. 지금 생각으로는 YMCA 호텔에 가 있을 생각이다. 아, 그러냐. 그러면 잘 있다 와.

그 학생과 헤어져서 시카고 도서관엘 찾아갔더니 도서관에서 책 주는 사람이 날더러 한국에서 온 사람이냐고 물었습니다. 그렇다고 했더니 네게 전화 좀 해달라고 하는 사람이 있으니 이 전화번호에 전화를 좀 걸어주라고 하면서 쪽지를 전해 주었습니다. 전화를 걸었더니 "난 사실은 네가 길가에서 만난 사람의 친구인데, 저녁을 같이 먹을 수 있겠느냐"고 했습니다. 좋다고 했더니 자기가 몇 시경에 도서관에 갈 터인데 그렇게 알고 있으라는 것이었습니다. 그 시간에 그 사람은 도서관으로 나를 데리러 왔습니다.

그래서 저녁을 먹으러 가게 되었는데 꽤 멀리 가는 것 같았습니다. 한참 간 뒤 어떤 집에 도착해서 저녁을 먹고는 하는 말이 네가 YMCA 호텔에 유하겠다고 했다는데 그 호텔은 지금 초만원이라 비싼 호텔만 남아 있으니 내 친구 가운데 시카고대학 캠퍼스 안에 사는 사람이 있는데 그 집에 가서 있는 것이 어떻겠느냐고 물었습니다. 어떻게 내가 그 집에 가 있을 수 있겠느냐고 했더니 이미 자기가 전화를 걸어 거기에 와 있어도 좋다는 허락을 받아 놓았다고 하였습니다. 저녁 후에 캠퍼스 안에 있는 그 집까지 나를 데려다 주었습니다.

피터 바이 하와라는 화란서 온 사람인데 그는 퀘이커 교도였습니다. 하여튼 자기네 방하고 어린애 방하고, 방은 둘 밖에 없었습니다. 어린애 방을 나한테 내주고는 어린애 방이라 미안하다고 하면서 쓰라는 것이었습니다. 한 달이든, 두 달이든 있으면서 너희 집으로 생각하고 맘대로 와서 먹고, 맘대로 와서 자라는 것이었습니다. 그러면서 애들은 탁아소에 갖다 맡기고 자기네들은 다 일하러 하루 종일 나가 있어야 하니 점심은 네가 와서 마음대로 해먹었으면 좋겠다고 했습니다. 그래서 나는 거기에 있게 되었고, 거기 있으면서 느낀 것은 이렇게 진실한 사람들도 있었구나 하는 것이었습니다. 미국에는 그런 크리스천들이 꽤 있는 것 같았습니다.

한 번은 내게 전화로 점심을 먹으러 오라고 하여 간 적이 있었습니다. 그 집에 새로 한국에서 입양한 고아가 한 명 있었는데 너무 울어서 어떻게 하든 한국말을 좀 해독해 그 아이가 우는 이유를 알아야겠기에 초청한 것이었습니다. 갔더니 정말 고아가 한 명 와 있었는데 말은 한마디도 못하고 그저 울기만 하였습니다. 그래서 내가 좀 돌보아 주었습니다. 원래 그 집에는 어린애가 둘이 있어요. 둘이나 있는데도 한국, 콜롬비아, 볼리비아, 필리핀 등에서 고아들이 열네 명이나 와 있었습니다. 열네 명의 고아들을 자기네 어린이와 똑같이 사랑해 주고 밥을 먹이고 학교에 보내는 등 정성껏 보살펴 주는 것이었습니다. 정말 기독교가 뿌리박힌 나라였습니다.

우리나라 기독교는 교회 오는 것이 다지, 생활화가 되어 있지 않습니다. 그러나 미국은 그렇지가 않았습니다. 그래서 그리스도교의 전통이라는 것, 알지도 못하는 사람, 그리고 가난한 사람, 난 거기서 가난한 사람 축에 끼어서 끌려가서 얻어먹고 그런 거지요. 사실 그때 가보니까 내가 이화대학교 교수 월급 받는 것과 거기 월급 받는 것을 비교해 보니까 꼭 10배가 돼요. 내가 여기서 200달러를 받는다면 그 사람들은 2,000달러를 받고 있더군요. 그러니까 그 나라 사람들이 나를 볼 때 굉장히 가난하다고 생각했을 것입니다. 한국에 오면 나는 부자인데, 난 200달러 받는데 20달러도 못 받는 사람이 또 얼마나 많습니까.

하여튼 미국 사람들은 기독교를 믿어도 건실하게 믿는 것이었습니다. 성경에 보면 잘사는 사람, 높은 사람, 그런 사람들을 대접하지 말고, 못 사는 사람들을 대접하라고 했고, 아는 사람을 대접하지 말고, 모르는 사람을 대접하라고 했는데 이것이 바로 기독교의 특징 중의 하나이며 기독교의 전통입니다.

그래서 모세의 율법 같은 것을 보아도 네가 추수할 때는 길가에 몇 이랑은 남겨두어라. 그리고 과실나무에서 과일을 딸 때도 길가에 있는 나무에서는 따지 말라고 했는데 그것은 지나가던 사람이 이삭을 먹고, 과실을 먹어야 되지 않느냐는 생각에서였습니다. 이러한 사상이 유태교와 기독교의 깊은 전통이며 우리가 기독교를 받아들이려면 이런 전통을 받아들여서 잘못 사는 사람, 잘 모르는 사람들을 우리가 사랑할 수 있게 되어야 하는 것입니다.

이것을 철학적으로 말하면 이렇습니다. 한 집에서 제일 보호를 받아야 될 사람은 누군가. 어린아이입니다. 어린아이의 특징을 무지무능無知無能이라고 말할 수 있을 것입니다. 아무것도 모른다, 무지. 아무것도 할 줄 모른다, 무능입니다. 잘난 사람, 높은 사람은 무엇인가. 그것은 유능한 사람입니다. 또 아는 사람, 그것은 유식한 사람입니다. 우리가 아는 사람, 유능한 사람을 자꾸자꾸 찾아 올라가 보면 무엇이 되나. 하나님이 되고 맙니다. 하나님은 어떤 분인가. 전지전능한 분입니다. 그러니까 하나님을 섬긴다는 그 말이나 손님을 대접한다는 말은 같은 말이지요.

우리는 손님이라는 말을 마마라고 합니다. 마마, 천연두도 마마입니다. 손님입니다. 손님은 또 신이지요. 그래서 우리는 흔히 기성 종교라고도 말합니다. 기성 종교로 말하면 높은 것에다 더 갖다 대주는 그런 체제지요.

거기 비해서 유태교나 기독교가 나와서 그것이 아니라는 것이지요. 위로 아는 분을 대접하는 것이 아니고, 아래로 모르는 사람을 대접해야 한다. 한번 뒤집어엎은 것이지요. 그러니까 종교 자체가 회개한 것입니다.

지금까지 모든 종교가 높은 데로 갖다 바치는 것, 부치님께 갖다 바친다든가, 성황당에 갖다 바친다든가, 높은 데, 아는 데 갖다 바친다든가, 또 전지전능자 앞에 갖다 바치려고 했는데 이제는 뒤집어서 약한 자, 모르는 데다가 바친다는 종교 자체의 회개가 예수님의 종교라고 할 수 있습니다.

하나님은 높은 사람이 아니라 아버지라고 생각합니다. 우리 집에서 생각할 때, 아버지가 누굴 제일 보호해 주고, 누구를 제일 생각해 줄 것인가. 갓난아기입니다. 갓난아기가 제일 고생할 것 아닙니까. 오늘처럼 날이 춥다고 합시다. 날이 추운데 제일 추워할 사람은 누굽니까. 갓난아기입니다. 어머니 뱃속에서 따뜻하게 있다가 나오면 얼마나 허전하고 춥겠습니까. 그러니까 전체가 합쳐서 갓난아기를 도와주어야 한다는 것이 아버지, 어머니의 마음입니다. 그러므로 만일 형제가 있다면, 아버지 어머니가 제일 사랑하는 동생이니 나도 동생을 사랑해 주어야겠다고 해야 합니다. 왜? 이것이 아버지 어머니의 뜻이기 때문입니다. 그렇게 동생을 사랑해 주면 그 형은 된 형이고, 그런 형을 우리는 크리스천이라고 하는 것입니다. 아버지 어머니의 뜻을 따라서 아버지 어머니가 제일 사랑하는 동생을 사랑해주는 것이 크리스천입니다.

그와 반대로 아버지 어머니가 동생을 더 사랑한다. 그래? 왜 아버지 어머니가 동생을 더 사랑할까. 동생이 밉다. 동생을 꼬집고, 동생의 것을 빼앗고, 동생이 죽었으면 좋겠다. 부모님의 사랑은 내가 받아야 돼. 이렇게 생각되는 것을 우리가 카인이라고 합니다. '카인과 아벨' 부모가 아벨을 사랑하니까, 카인은 그것이 미워서 나중에 몰래 가서 아벨을 죽여 버리고 마는 것입니다. 이것이 바로 죄의 역사가 아닙니까. 죄라는 것이 뭐 별 것입니까. 동생을 미워하는 것이 죄이지요.

예수께서는 아버지가 제일 사랑하는 것이 동생이니까 동생을 사랑해 주어야 한다고 야단을 칩니다. 그리고 이 야단치는 소리가 옳은 말이라고 해서 이 소리를 복음이라고 하는 것이지 복음이 별것이 아닙니다. 형이 동생을 사랑하면 부모님이 좀 좋아하겠어요? 형이 동생을 사랑하면 부모가 형을 축복해 주고, 재산도 나눠주고, 잘 살게 도와주지요. 동생이 형에게 갚아 주지 못하지만, 그 대신 누가 갚아 주나. 부모가 갚아 줍니다. 큰

애 참 무던해, 동생을 보살펴 주니, 하시고는 갚는다 이거지요.

그것을 국가로 확대하여 봅시다. 국가에는 대통령이 있습니다. 대통령이 제일 봐줘야 하는 사람은 누군가. 제일 가난한 사람입니다. 왜? 제일 어린애이기 때문입니다. 그것이 무지무능이거든요. 대통령은 유지유능이니까 무지무능을 봐줘야 합니다. 그걸 봐주면 과연 대통령다운 대통령이고, 그걸 못 봐주면 대통령다운 대통령이라 할 수 없는 것입니다.

가난한 사람을 제일 봐주어야 한다는 것이 소위 마르크스의 프롤레타리아 해방이라는 것이 아닙니까. 칼 마르크스가 바른 말을 했어도, 그 후에 스탈린이니 브레즈네프, 안드로포프 같은 사람들이 그 말을 실행하지 않았을 뿐입니다. 마르크스가 왜 그런 말을 했는가 하면 그는 유태사람이며 신학을 한 사람이기 때문입니다.

예수님께서는 어떻게 했는가 하면 그 당시에 가장 어린 사람이 누구였는가. 세리稅吏와 죄인이었기에 세리와 죄인을 돌보아 주어야겠다고 하셨습니다. 또 눈먼 자도 그 당시에는 가장 어린 애들이었기에 그들을 돌보아 주는 것이 효자가 되는 가장 좋은 일이었지요. 그래야지만 아버지께서 복을 주실 것이니까요. 역시 어린 아기를 돌보아 주어야지요.

칼 마르크스는 어린애들을 해방시키고 돌보아 주어야 한다고 합니다. 왜냐하면 아이가 이 나라의 주인이 될 것이기 때문입니다. 이것이 소위 프로 독재라고 하는 것입니다. 얘가 앞으로 이 나라의 주인이 될 거야. 이 말을 예수님 말로 하면 세리와 죄인, 이 사람들 즉 민중들이 이 나라의 주인이 될 거야 하는 것과 마찬가지입니다. 그것을 한문자로 말하면 민주주의라고 합니다. 그러니까 역사의 방향은 아주 간단한 것입니다. 가난한 사람, 눈먼 사람, 이 사람들을 대접하라. 왜? 이 사람들이 앞으로 주인이 될 것이기 때문이다. 이것이 바로 민주주의입니다. 모르는 사람을 대접하라. 이것은 요새 말로 말하면 사회주의입니다. 이런 것으로 봐도 역사의 방향은 민주와 사회로 가고 있는 것이 확실합니다.

앞으로 망할 것이 있다면 자본주의와 공산주의이며 이길 것이 있다면 민주주의와 사회주의입니다. 이것이 예수님의 복음인데 그 복음을 마르크스는 그 나름대로 해석한 것이고, 자유 진영은 자유 진영대로 해석한 것이 아니겠습니까.

우리가 미래의 주인공이 누군가. 그것을 볼 수 있는 눈을 가져야 우리가 성경 말씀을 이해할 수 있는 것입니다. 미래의 주인공은 역시 짓밟힌 사람들이지, 짓밟는 사람이 아닙니다. 짓밟힌 사람들이 미래의 주인공이 되는 것입니다. 그러니까 우리도 짓밟힌 사람을 도와주어야 합니다. 그래야 우리가 역사에 앞장서가는 사람이 되는 것이지 언제나 짓밟는 사람과 함께 행동을 한다면 기독교가 될 수 없습니다. 기독교의 특징이 있다면 밟힌 사람의 편에 서서 밟힌 사람을 옹호하고, 밟힌 사람을 도와주는 것이야말로 기독교라는 종교가 가는 길이 아니겠습니까.

그러니까 예수님께서 너희는 잘 아는 사람, 잘 사는 사람을 절대 대접하지 마라. 왜? 그런 사람은 대접을 하면 또 곧 갚을 테니까 하나님께서 갚아 주실 것이 없기 때문이다. 그러나 동생을 도와주면 동생은 갓난아기니까 그걸 갚지 못하나 너는 걱정하지 말아라. 아버지 어머니께서 백 배로 천 배로 갚아 주실 것이다. 옛날 유태교 시대에는 아버지도 사랑하고 동생도 사랑하리고 했고, 그것이 계명 가운데 가장 큰 계명이었습니다.

그러나 예수님께서는 그렇게 복잡하게 할 것이 없이 동생만 사랑하면 그것이 곧 아버지도 사랑하는 것도 된다고 하였습니다. 왜냐하면 아버지가 제일 좋아하는 것이 집에 어린 아기를 사랑해 주는 것이기 때문입니다. 아버지가 바쁠 때 아기를 안아 주는 것이 얼마나 아버지 일을 도와주는 것입니까. 아버지에게 따로 사탕을 사다 주지 않아도 동생에게 사탕을 사다 주면 아버지를 사랑하는 것도 그 속에 포함되는 것입니다. 이것이 예수님께서 요한복음 13장에 마지막 유언의 내용입니다. 그러니까 너희 동생을 사랑하면 그것이 하나님을 사랑하는 것이고, 이웃을 사랑하는 것이 됩니다.

그러므로 고생하는 사람들을 도와주는 것이 예수 믿는 것이지, 교회 가서 우두커니 앉아 있는 것이 예수를 믿는 것이 아닙니다. 이것이야말로 예수를 믿는다는 것을 우리에게 좀 더 구체적으로 좀 더 실감있게 말해주는 것입니다.

크게는 못해도 조금씩이라도 우리 교회는 부활절이 되면 부활절 헌금을 해서, 고아원과 양로원에 갖다 주는 것입니다. 그런 것도 없으면 뭐 교회입니까. 아까 김동길 선생님 말마따나, 헌금한 것 받아서 점심만 먹어치우면 뭐 그게 교회입니까. 그래도 우리 정성을 모아서 고아원, 양로원 도와주는 것이 얼마나 소중합니까. 그러니까 기독교라는 것은 어려운 것이 아무것도 없어요.

하나님이 누군가. 아버지다. 하나님이 누구를 가장 사랑하는가. 가장 무지무능한 어린애를 가장 사랑한다. 전지전능하신 하나님이 제일 사랑하는 것은 무지무능이다. 그렇다면 나는 무엇인가. 나는 무지무능無知無能도 아니고, 전지전능全知全能도 아니고, 난 일지일능一知一能이다. 뭐 한 가지 알고, 뭐 한 가지 할 수 있다. 난 일지일능이 되어 가지고 무엇을 할 것인가. 하나님 아버지를 도와서 무지무능자를 도와주고 사랑하고 가르치는 것이 할 일이다.

그러니까 예수를 믿는 것이 어려운 것이 무엇입니까. 그런 것을 빼놓고 예수를 믿는다는 것은 아무것도 아닙니다. 나는 여러분에게 오늘 가서 당장 어떻게 하라는 것은 아니지만 그런 생각으로 나보다 좀 못한 사람을, 나보다 좀 못 사는 사람들,

나보다 더 모르는 사람들을 알게 해 주고 그분들을 도와주려고 조금씩, 조금씩 노력해 가는 과정이 바로 우리의 신앙생활입니다. 그래도 세계 역사가 민주와 사회를 목적으로 나아간다는 것만은 확실해졌습니다. 그러니까 민주를 위해서, 사회를 위해서 나아가고 있다는 것이 신앙입니다.

나는 미국에 가서 부러운 것이 딱 한 가지 있었습니다. 언젠가 테네시 주에 갔을 때 일입니다. 어떤 사람이 나를 대법관의 집에 데려가서 거기서 저녁을 먹도록 해 주었습니다. 참 잘 사는 집이었습니다. 내 생전에 그렇게 아름다운 집은 처음 봤습니다. 저녁을 먹고 나서 대법관이 내게 묻기를 너 우리나라에 와서 고아원과 양로원을 가 보았느냐고 물어, 못 가 보았다고 했더니, 자기 나라에 오면 그런 것쯤은 보고 가야 한다고 하며 나를 가까운 고아원에 데리고 갔습니다. 가 보았더니 마치 호텔 같았습니다. 별것이 다 있었는데 그중에는 박정희 대통령이 미국 대통령에게 선물한 가장 값진 선물도 있었습니다. 아주 큰 판에다가 자수를 놓은 것인데 굉장히 비싼 것임에 틀림이 없는, 그런 것이었습니다. 우리가 생각하기에는 대통령 방에 걸려 있을 것이라고 생각했지만 그게 아니었습니다. 미국 대통령에게 보내 주었더니, 대통령이 그것을 고아원에다가 보내 주었던 것입니다.

대통령이 이렇게 할 때 국민들도 가난한 사람, 절름발이, 장님을 대접하는, 그런 세상이 될 것 아닙니까. 미국은 역시 사회가 발달되어 있어요. 우리는 지금 경제문제에 급급해서 정치까지도 아직 손을 못 댔고, 정치에 손을 대면 그 다음엔 문화에 손을 대야겠지요. 문화에 손을 대면 그 다음엔 사회에 손을 대겠지요. 그런데 미국은 경제문제를 해결하는데 100년이 걸렸고, 정치문제를 해결하는 데 또 100년이 걸려 1778년에 해결이 되었으며, 그리고 또 문화문제를 해결하는 데 1888년까지 또 100년이 걸렸다고 합니다. 그러나 사회문제는 1988년이 되어도 아직 해결을 못했다고 합니다. 그러나 흑백문제는 해결을 못했지만 고아원문제 같은 것은 어느 정도 해결된 것 같았습니다.

우리나라에서는 언제나 사회문제인 가난한 자와 눈먼 자와 잃은 자의 문제가 해결이 될까. 그런 문제가 해결될 때 그것이 하나님의 나라입니다. 그러므로 그런 문제를 해결하기 위해서 앞장서야 이것이 하나님의 아들들이며, 그런 문제 해결에 앞장을 서지 못하면 카인의 후예들이 되는 것입니다.

어떻게 해서든 아주 가난한 사람들을 착취해 가지고 재벌이 되어 좌우지간 잘살아 보겠다는 생각을 하면 그것은 카인의 자손들입니다.

어떻게 해서든 우리가 이런 사람을 잘살게 사회보장제도도 해 주고, 어떻게 모든 백성들이 모두 다 자기의 자리를 찾아서 살 수 있는 나라를 만들어야지요. 아무리 자본주의 한다 해도 내놓기는 민주주의를 내놓을 것이고, 아무리 공산주의 한다 해도 내놓기는 사회주의를 내놓아야지 별 수 없습니다. 속으로는 어떻게 하든지 내놓기는 내놓아야지 어떡합니까. 그래야 역사라는 게 나가지 그렇지 않으면 나가지 않습니다.

그러나 하여튼 예수님의 뜻대로 가기는 가는 것입니다. 이것이 천천히 가서 걱정이지만. 그러나 이런 역사가 빨리 가도록 애쓰는 것, 그것이 크리스천들의 일이 아니겠습니까.

진 실
1983년 1월 16일

누가복음 14:25~33
 누구든지 나에게 올 때 자기 부모와 처자나 형제자매나 심지어 자기 자신마저 미워하지 않으면 내 제자가 될 수 없다. 그리고 누구든지 자기 십자가를 지고 나를 따라 오지 않으면 내 제자가 될 수 없다.

 오늘 제목은 〈진실〉인데, 진실은 예수의 제자가 되는 조건입니다. 오늘 읽은 말씀은 여기 외에도 여러 군데가 있습니다. 자기 부모나 처자, 형제자매를 나보다 더 사랑하면 안 된다. 그보다도 나를 더 사랑해야 한다. 그리고 너 자신보다도 나를 더 사랑해야 한다. 나를 위해서 너 자신을 미워하지 않으면 결단코 내 제자가 될 수 없다. 그리고 각각 자기 십자가를 지고 나를 따르지 않으면 내 제자가 될 수 없다는 뜻입니다.

그래서 예수의 제자라고 하면 12제자를 얘기하며 예수의 직접 제자는 아니지만 예수의 최대의 제자라 할 수 있는 사람은 바울입니다. 그리고 예수를 믿는 사람을 다 예수의 제자라고 합니다. 그래서 우리들도 예수의 제자가 되는 것입니다. 현대에는 제자를 강조하는 교파도 있습니다. 미국에 가보니까 디사이플(Disciple)이라고 하는 교파가 있었습니다. 그 교파는 다른 교파들과 형식적으로는 별로 다른 게 없지만 성만찬을 매 주일 하는 것만이 좀 달랐습니다.

그러나 우리가 현대에 사는 사람으로서 신앙생활을 하려면 역시 예수의 제자가 된다는 내용이 없으면 상당히 어렵습니다. 무슨 말이냐 하면 옛날 유태사람은 율법으로 구원을 받는다고 하여 율법을 철저하게 지켰습니다. 그러나 예수교가 되면서부터 특히 사도 바울이 믿음으로 구원을 얻는다는 것이 교회의 정석이 되었고, 또 루터나 캘빈이 나와서 율법으로 구원을 받는 것이 아니라 믿음으로 구원을 받는다는 것을 강조했습니다. 그래서 우리나라에 들어온 기독교, 장로교, 감리교 등 이런 종교들이 자꾸 믿음을 강조했습니다.

그런데 믿음의 내용으로 두 가지를 강조하는데, 하나는 속죄라는 것과 십자가라는 것이고, 또 다른 하나는 구원, 부활이라는 것을 강조해 왔습니다.

그런데 현대가 되면서 이런 것이 우리 젊은이들에게는 별로 호소력이 없게 되었습니다. 우리가 아무리 십자가니 속죄니 해도 젊은이들 마음속에 동요가 없습니다. 믿음이라 해도 호소력이 없고, 부활이라고 해도 호소력이 없습니다. 과학도의 머릿속에 믿음이라는 말이 별로 박력을 주지 못하기 때문입니다.

그렇기 때문에 우리는 또 한 번 "믿음으로 구원을 받는 것이 아니라 말씀으로 구원을 받는 것"이라는 말을 합니다. 말하자면 바울의 믿음으로 구원을 얻는 것이 아니라 요한의 말씀으로 구원을 얻는다는 것입니다.

요한복음 1장 1절은 "태초에 말씀이 있으니"로 시작하고 있습니다. 그 말은 행함으로 구원을 얻는다고 했을 때는 의지를 강조하고, 믿음으로 구원을 얻는다고 할 때에는 감정적인 것, 정서적인 것을 강조합니다. 그래서 과거에는 부흥회를 참 많이 했습니다. 슐라이에르마허(Friedrich E. D. Schleiermacher)의 『종교학』을 읽어 보면 그는 하나님에게 대한 절대귀의의 감정을 믿음이라고 정의하면서 그것을 가지고 기독교를 전개해 나갔습니다. 그런데 현대인에게는 의지적인 것, 정서적인 것이 별로 호소력이 없습니다. 그러니까 결국 현대인에게는 가장 지적인 것을 가지고서 호소해야지 의지적인 것, 정서적인 것을 가지고는 호소가 되지 않습니다. 그래서 가장 지적인 신앙, 이것이 우리가 요한을 통해서 '말씀으로' 라는 그런 말입니다.

그래서 '속죄'니 '믿음'이니 할 때 먼저 그것이 우리에게 들어오지 않으면 형식적으로 되고 맙니다. 주일날은 온 집안이 다 교회를 가니까 교회에 가야 된다. 교회를 안 가니 뭔가 찜찜하다 해서 자꾸 형식적으로 가게 되면 결국은 속이 빠집니다. 속이 빠져 버리면 결국은 허무하다는 생각이 들게 됩니다. 현대의 특징이 허무주의인데, 허무주의라는 말은 현대 사람이 신앙이나 율법이나 이런 것을 가지고 마음에 맞는 것이 없다 그런 말입니다. 그리고 과학을 배운 사람들이 부활 얘기를 자꾸 해 봐도, 목사님이 얘기힐 때는 그렇다고 해 놓고 또 그게 자기 속으로 받아들여지지는 않아요.

받아들여지지 않는 걸 또 말하고, 또 말하고 하면 관념유희가 되고 마는 것입니다. 그러니까 기도할 때도 주님의 십자가의 공로로 내 죄가 사함을 받아서 하고 말로만 자꾸 돌아가지, 실지 내 속에 와 닿지를 않는다는 것입니다. 그러니까 말이 자꾸 헛돌아서 결국은 말 잘하는 예수장이가 되고 마는 것입니다. 어떻게 해서 말을 그렇게 잘하는지 말을 참 잘한다. 그렇게 말은 잘하는데 비해서 그 말 잘하는 사람의 생활은 형편이 없다. 예수 믿는 사람들이 그렇게 성경을 뜯어서 여기 갖다 놓고, 저기 갖다 놓고, 말은 그렇게 잘하는데도 그 사람들이 사는 걸 보면 아무것도 아니다. 이렇게 실제생활과 말이 유리가 되어 있고, 유리가 되어 있으니까 '관념유희'라는 말 밖에 되지 않지요. 교회에서 하는 말 따로 있고, 저희 집에 가서 하는 말이 따로 있게 되니까 예수님은 주일날 하루만 믿고, 다른 날은 그저 그런 대로 살아가는 것이 됩니다. 그러다가 또 교회에 오면 그 말을 또 듣고, 또 듣고, 그래서 무언지 기도하는 걸 들어봐도 똑같은 얘기를 자꾸 반복할 뿐 우리 마음과는 통하지 않는 것들이 많습니다. 내가 왜 이런 말을 자꾸 하느냐 하면 바로 내가 그랬기 때문입니다. 난 기독교 집안에 태어나 어릴 때부터 교회를 다녔습니다. 그런데 십자가의 속죄도, 부활의 구원도 통 믿어지질 않았습니다.

장례식에 가보면 죽은 사람을 땅에 파묻으면서 내생에서는 어떻게 지내고 하는 장례의 예문이 있는데 그런 말을 들어도 아무런 의미 없이 그저 소리로만 들려올 뿐이었습니다. 이렇게 마음과 말이 유리되면 종교라고 하는 것은 형식이 되고 맙니다.

사실 목사들은 어떻게 되는가. 신학교 졸업하면 되는 거지요. 그런데 신학교 졸업했다고 믿음이 생기겠어요? 4년 졸업하고 교회로 나가야 할 텐데 뭘 갖고 나가느냐 하면 무슨 신학이니, 무슨 신학이니 그런 것밖에 갖고 나갈 것이 없습니다. 그러니 목사의 설교가 자꾸 학문적으로 갈 수밖에 없습니다. 그리고 교회를 맡아 초등학교도 졸업하지 못한 사람들에게 바르트(Karl Barth)니, 브루너(Emil Brunner)니 아무리 그래 봤자 통하지 않으니까 부흥회니 산 기도를 자꾸 하지 않아요? 그렇게 되면 신비주의로 나가게 되지요.

대개의 교회를 가만히 살펴보면 학문적이든지 아니면 신비주의이든지로 나가고 있습니다. 신비주의로 가게 되면, 미친 사람처럼 광적이 되고, 하루에도 몇 번씩 모이고, 헌금이 1억 원이 넘는다고 합니다. 그러니 학문적으로는 나가는 사람은 도저히 안 되는 거죠. 그러나 학문적인 교회에 가면 신비적인 것은 없지만 지식은 전달되니까 그 지식에 만족하려고 애를 쓰지만 그것도 잘 되지 않는다고 합니다.

나도 과거에 부흥회를 많이 따라 다녀 보았는데 부흥회에 가서도 아, 이게 바로 믿음이로구나 그렇게 되지 않아요. 그리고 또 사경회니 강연회니 하는 데에도 많이 따라 다녔습니다. 하나님이 없는 신학이라든가, 하나님이 죽은 신학이라든가, 뭐 많이 쫓아다녔습니다. 그것으로도 만족하게 되지 않았습니다. 그러니까 현대인에게는 믿음으로 구원을 얻는다는 것이 하나의 관념 유희밖엔 들리지 않아요. 그러니 우리가 또 한 번 넘어서서 말씀으로 구원을 얻는다는 요한의 신앙으로 들어갈 수밖에 길이 없다, 나는 그렇게 생각해요. 난 본래 믿음으로 가야 한다고 생각했었으니까요.

내가 일본에서 대학을 다닐 때 우치무라 간조(內村鑑三)의 제자인 총본(總本)이라는 사람이 동경서 집회를 하는 것을 많이 쫓아다녔습니다. 그러다가 한국에 나왔습니다. 그런데 거기에도 가보면 궁극적으로는 믿음으로 구원을 얻는다는 것으로 집약되고 말아요. 그래서 거기서도 십자가와 부활이 강조됩니다.

그러다가 한국에 와서는 YMCA에서 종종 강의를 듣게 되었습니다. YMCA에서는 월남 이상재月南 李商在 선생이 계속해서 성경 강의를 했었어요. 내가 YMCA에 나갈 때는 유영모 선생이 계속해서 35년 동안 강의를 해 오고 있었는데 난 그분을 통해서 말씀으로 구원을 얻는다고 하는 세계를 알게 되었습니다. 그래서 이때부터 나는 키에르케고르에게 관심을 갖게 되었지요.

역시 현대의 신학자들, 철학자들이 결국 어떤 길을 가고 있는가 살펴보니 역시 "말씀으로 구원을 얻는다"는 그 길을 가고 있었습니다. 나는 거기서 비로소 신앙의 만족을 얻고, 아, 이것이구나 하고 생각했는데, 키에르케고르니 하는 사람들의 생각은 예수의 제자가 되어야 한다는 겁니다. 그래서 나를 위해서 부모나 처자나 형제나 자기 자신까지도 미워하지 않으면 안 된다. 그리고 예수의 제자가 되려면 자기의 십자가를 지고 나가야 된다. 그 두 가지가 아주 핵심입니다.

예배를 본다든가 내가 여러분께 말씀을 드릴 때 뭔가 내 속에 기쁨이 있습니다. 또 여러분께서도 오면 기쁜 마음이 있어야 됩니다. 기쁜 마음이 없이 나도 그저 할 수 없이 한다. 여러분도 할 수 없이 온다. 이렇게 되면 이것이 관념유희요, 헛도는 거죠. 헛되게 되지 않으려면 여러분에게 말할 때 기쁨으로 말해야 하고, 여러분도 교회에 나오게 되면 기쁨을 느껴야 합니다.

뭔지 부딪치는 데가 있어야 교회고 예배지, 부딪치는 데가 없으면 안 됩니다. 나는 대학교회에서는 한 푼도 받지 않습니다. 그렇다고 해서 내가 가끔 빠지거나 하는 일은 없습니다. 한 번도 빠진 적이 없습니다. 난 1년 남았지만 1년 동안 계속 빠지지 않고 나올 생각입니다. 하여튼 내가 여기서 말할 때 돈 받기 위해서 하는 것이 아닌 때문입니다.

한 가지 낙이 있다면 말하는 것이 한없이 기쁜 것입니다. 그것만이 사실이에요. 기쁨을 가지고, 기쁘다고 해서 허허 웃고 그런 건 아니지만, 내 속에 뭔지 기쁨이 있어서, 내 속의 기쁨을 전할 수 없을까. 그것 때문에 나오는 거지, 여러분도 그런 게 있어야 합니다.

그래서 기쁨과 기쁨이 부딪친다는 것이 신비라는 것이 아니고, 진실이라는 것입니다. 뭔지 진실로, 기도할 때도 예수님 십자가 ……, 그런 게 아니고 오늘 내가 건강하면 좋겠다 하면 하나님, 오늘 내게 건강을 주십시오. 그렇게 하면 진짜가 되잖습니까. 우리 아들이 병이 났습니다. 좀 고쳐주십시오. 그런 말은 관념으로 하는 게 아니고 실제로 하는 것입니다. 또 나도 여기서 기도할 때 "우리나라 역사가 좋은 역사로 되게 해 주십시오." 그것이 내 실제입니다. 이 나라의 역사가 어떻게 되었으면 좋겠다. 우리나라도 세계 다른 나라처럼 그렇게 잘 살 수 있으면 좋겠다. 그런 마음이 있으니까 그렇게 기도하는 거지, 그런 마음이 없는데 어떻게 기도하겠습니까.

그러니까 우리 속에 있는 마음을 그대로 하나님에게 바치는 것입니다. 기도가 짧든지, 간단하든지 진실이면 좋아요. 기도 한 마디라도 좋아요. 산에 올라가서 너무 감격해서 야아, 했습니다. 그렇게 아름다울 수가 없어요. 내가 뭐라고 해도 여러분은 몰라요. 꼭 가봐야 알죠. 실지로 산에 가서 좋으면 '아!' 가 기도지, '아!' 한마디에 진실한 데가 있어요.

형식적으로 이것은 필요 없습니다. 그러니까 진실한 것, 신비한 게 없어도 좋습니다. 나도 여러분에게 신비한 것을 말할 수 있어요. 그리고 신비한 것 가지고 박사논문 딴 사람도 몇 있어요. 나는 그 논문을 몇 개를 읽었기에 그 논문을 여러분에게 소개할 수도 있어요. 그러나 그것이 뭘 줄 수 있나. 별로 도움이 안 돼요. 우리에게 도움이 되는 건 진실이고, 진실이란 내 마음에 있는 것을 드러내 놓는 것입니다.

그러니까 나는 설교 준비도 안 한다고 여러분에게 얘기하는데, 만약 설교 준비를 하면 더 근사한 말을 해야겠다는 생각이 앞서고, 나도 더 근사한 말을 할 수 있어요. 그러나 난 별로 중요하게 생각하지 않습니다. 난 이대로가 좋아요. 그렇지 않아요? 내가 산에 갔으면 산에 갔다고 하고, 아! 그랬으면 아! 했다고 하고, 그 이상 뭐 있습니까. 그러니까 이 진실이라는 것을 신비한 것보다도 더 크다고 생각하는 거예요. 이것을 현대철학에서는 실존철학이라고 합니다. 키에르케고르가 실존주의자입니다. 키에르케고르의 선생이 헤겔입니다. 칼 마르크스도 키에르케고르도 헤겔의 후계자이고, 그 밖에 여러 사람이 있습니다.

헤겔은 관념주의가 횡행하던 시대에서 찾아야 될 건 무엇인가. 진실이다. 그래서 진실이라는 말을 쓰게 되었는데 그게 키에르케고르에게 유전이 되었고, 그래서 진실이라는 입장에서 기독교를 다시 보자고 나온 사람이 키에르케고르예요.

그리고 또 하나는 학문이 아니고, 야스피스(Karl Jaspers)는 이성이라고 합니다. 『이성과 실존』이란 책이 있어요. 합리적인 거죠. 합리적인 건데 쉽게 말하면 깨닫는 게 있어야 한다는 겁니다. 아는 것이 아니고 깨닫는 것이 있어야 한다. 그러니까 우리나라에 교회의 태세態勢는 학문과 신비인데 그들은 깨달음과 진실입니다.

기쁨은 아, 그렇구나 하고 깨닫는 데에 있습니다. 키에르케고르가 말해서 깨닫는 게 아니에요. 아무것도 아닌 건데 아, 정말 그렇구나, 그렇게 깨닫는 것입니다. 난 유영모 선생의 강의를 들어서 많이 깨달았습니다. 난 그런 걸 전혀 모르고 살았는데, "아, 정말 그렇구나." "정말 그렇구나"가 터져 나오는 깨달음이 있었습니다.

오늘 아침에 예레미야서를 조금 읽다 왔는데, 그 31장 31절에 보니까 거기 역시 "하나님이 새로운 율법을 준다"는 말이 있어요. 야, 정말 그렇구나. 또 이사야 50장 5절에도 보면, 또 하나님이 근사한 말을 한 게 있는데 그걸 보면 야! 또 그렇구나. 내가 옛날 이사야를 볼 땐 그걸 몰랐는데 이제 보니까 정말 그렇구나. 내가 옛날 예레미야를 볼 땐 정말 몰랐는데 지금 보니까 그렇구나. 그렇게 느껴지는 것이 있습니다.

그런데 우리의 신앙의 핵심은 그것이어야 됩니다. 아, 그렇구나. 깨달음 그리고 또 하나는 진실, 있는 대로. 허례허식 같은 건 필요가 없어요. 그런 건 아무래도 우리에겐 매력이 없어요. 있는 그대로 나오는 데에 뭔가 우리에게 움직이는 게 있지, 있는 그대로가 아니라 뭘 덮어 씌웠다든가, 외식 같은 것 갖고는 안 돼요. 난 앞으로 1년 밖에 안 남았지만, 그 1년 동안 지금보다 훌륭한 설교도 할 수 있습니다. 나는 안 합니다. 그저 있는 그대로, 내가 느끼는 그대로 그것을 말하는 게 난 내게도 도움이 되고, 여러분에게도 도움이 된다고 생각합니다.

그래서 현대인의 신앙의 특징은 뭔가. 깨달음이라는 것, 또 하나는 진실이라는 것, 이 두 가지가 키에르케고르가 우리 현대인에게 가르친 신앙입니다. 키에르케고르의 후계자로서 야스퍼스가 나오고, 하이데거(Martin Heidegger)가 나오고, 마르셀(Gabriel Marcel)이 나오고, 이들이 다 진실입니다. 진실, 또 하나는 깨달음입니다. 그래서 그 두 가지가 현대의 특징이면서, 동시에 현대를 사는 사람에게 매력이 있습니다.

　난 무슨 말을 할 때 아, 정말 그렇구나 하면 뭔지 좋아요. 신문을 보다가도 아, 정말 그런데 하고 생각되어지는 것이 있으면 참 좋아요. 무엇이든지 내게 '그렇구나' 하고 느껴지게 하는 모든 것이 참 좋습니다.

　그래서 여러분에게 권고하고 싶은 건 현대인이니까 지적인 탐구가 필요하다고 생각합니다. 지적인 탐구란 신학을 배운다는 말이 아니라 한번 성경을 소설 읽는 셈치고 창세기부터 쭉 읽어 보세요. 읽어 보면 거기 재미있는 말도 많고, 나와 상관있는 것도 많아요. 그저 내버려두고 그 가운데에서 "그거, 정말 그런데." 모세 율법 가운데, "길가에 있는 이삭을 줍지 말아라"는 게 있으면 "정말 그런데!" 그렇게 느끼면서 한번 묵시록 끝까지 읽어 보십시오.

　난 뭐 정확하게 몇 번 읽었다고 할 수는 없지만 내가 교회에서 보통 말하기는 난 성경을 18번 읽었다고 말합니다. 성경 중에서 내가 제일 좋아하는 성경이 무엇인가를 생각해보니 요한복음입니다. 그래서인지 난 요한복음을 굉장히 많이 읽었어요. 그래서 자꾸 읽다 보니까 그 가운데서도 제일 좋아하는 구절이 있는데 그것이 요한복음 14장 6절입니다. 그 말씀은 내가 만 35세 때 3월 17일 오전 9시 5분, 내게 깨달음을 주었고, 그 후에 시를 지었습니다. 이상하게 표현하면 그때 하나님을 본 것입니다. 말씀을 통해서 하나님을 본 것입니다. 태초에 말씀이 있으니, 말씀이 하나님과 같이 있으니, 말씀이 곧 하나님이다. 그 말씀을 통해서 하나님을 보는 것입니다.

그다음에 '진실'하게 살기 시작했습니다. 먹기 위해 살지 말고, 살기 위해 먹자. 그래서 시작한 게 만 35세 9월 초하루부터 하루에 한 끼를 먹기 시작했습니다. 처음에는 9월 초하루부터 12년 동안 계획을 했는데, 그래서 12년 동안 한 끼를 먹다 보니까 배가 얼마나 고픈지 알 수 있었어요. 그런 게 진실입니다. 한 끼를 안 먹으면 얼마나 고픈지 모릅니다.

그러니까 한 끼를 12년 동안 먹으면서 내가 느낀 건 사람다운 게 어떤 것이고, 사람의 식욕은 얼마나 강한가를 느꼈습니다. 그런 걸 실존이라고, 진실이라고 합니다. 그때 내가 12년 동안 실존이라는 걸 알았습니다.

유영모 선생의 말씀을 들어서 "그렇구나, 그렇구나" 하는 것이 깨닫는 것, 합리적인 것입니다. 내가 한 끼 먹으면서, 아! 인간이라는 게 이렇구나. 나라고 하는 게 이렇게 부족하구나. 그땐 예수님이 날 죄인이라고 하지 않아도 죄인이다. 내가 얼마나 부족하고, 내가 얼마나 병신이고, 내가 얼마나 못났고, 내가 얼마나 죄인인 줄 알게 돼요. 내가 이렇구나, 내가 이렇게 간사하다는 것을 알게 될 때, 내가 있는 그대로 알게 됩니다. 내가 있는 그대로 살게 되면 진실이라고 합니다. 실존이라고 합니다.

이와 같이 깨닫고 진실하게 살아보니까 하나님의 말씀이 어떤 것인가 자꾸 느껴지고 그리스도의 제자로서 살아가는 게 어떤 것인가를 알게 되었습니다. 알게 되니까 자기 스스로가 진실하게 살 수 밖에 없었습니다. 다른 말로 표현하면 십자가를 지지 않고는 살 수가 없습니다.
　오늘 내가 여러분에게 말하고자 하는 것은, 현대인의 삶이라는 것은 깨달음과 진실인데 이 두 가지가 없으면 믿음이라는 것은 자꾸 헛돈다고 말씀드리고 싶습니다. 관념유희로만 돌아갑니다. 깨달음과 진실이 있으면 믿음이 자꾸 알차지고 알차져서 우리가 어디 가서든지 믿음을 느끼면서 살아가게 됩니다.
　십자가는 진실이고, 부활은 깨달음입니다. 자기를 미워한다는 말은 깨닫는다는 말이며, 깨달으면 자기가 미워지지 않을 수가 없습니다. 십자가는 진실입니다. 진실하면 십자가를 지지 않을 수 없습니다. 있는 그대로에, 힘이 있는 그대로에 책임이 있습니다. 깨달음은 빛이고, 진실은 힘입니다. 빛과 힘, 이것이 예수 그리스도입니다.

소 금

1983년 1월 23일

누가복음 14:34~35

소금은 좋은 물건이다. 그러나 만일 소금이 짠 맛을 잃으면 무엇으로 다시 짜게 하겠느냐.

누가복음 14장에는 예수의 제자가 되는 것에 대한 말씀이 계속 씌어 있습니다. 예수의 제자가 되려면 어떻게 해야 하는가에 대한 문제에 대해 누가복음 14장 26절에는 "누구든지 나에게 올 때 자기 부모나 처자나 형제자매나 심지어 자기 자신마저 미워하지 않으면 내 제자가 될 수 없다. 그리고 누구든지 자기 십자가를 지고 따라오지 않으면 내 제자가 될 수 없다"고 씌어 있습니다. 같은 말이 요한복음 12장 24, 25, 26절, 마태복음 16장 24, 25, 26절에도 나와 있는데, 이들의 내용은 표현만 조금씩 다를 뿐 모두 같습니다.

요한복음 12장 24절은 헤겔이 제일 사랑하는 성경 구절이었습니다. 그리고 마태복음 16장 24절에서 26절은 키에르케고르가 제일 사랑한 성경 구절이었습니다. 이러한 큰 철인들도 자신의 모든 철학을 그곳에서 끄집어내었으므로 여러분도 그것을 깊이, 자꾸 읽어서 자신의 것으로 만들어가는 노력이 필요하다고 생각합니다.

누가복음 14장 26, 27절에는 "내 제자가 되려면 두 가지 조건이 있다. 하나는 자기 부모나 처자나 형제나 자매나 자기 자신까지도 나를 위해서 미워하지 않으면 안 된다"라고 씌어 있습니다. 아주 어려운 말입니다. 다른 하나는 "자기 십자가를 지고 나를 따라오지 않으면 내 제자가 될 수 없다"는 말입니다.

지난 학기에도 여러 번 말씀드렸지만 학생과 제자는 조금 나릅니다. 학생은 방학하는 것을 제일 좋아하고, 휴강하는 것을 좋아합니다. 그러나 방학 때 공부 더 하는 것이 제자고, 휴강하는 것보다 보강하는 것을 더 좋아하는 것이 제자이므로, 제자라고 하면 조금 높이 평가해야 합니다. 아무개 선생의 제자라 하는 것과 학생이라고 하는 것과는 다릅니다.

예수님은 일반 사람에게 가르칠 때는 이런 말을 하지 않았습니다. 제자에게 가르칠 때는 특별히 힘을 주어서 말씀을 했습니다. 맛을 잃은 소금이란 말은 성경에 보면 세 곳에 나와 있습니다. 누가복음 14장 마지막에도 나오고, 여러분이 잘 아는 마태복음 5장 13절에도 나옵니다. "너희들은 세상에 빛이라"는 말씀과, "너희는 세상의 소금이라. 소금이 만일 맛을 잃으면 무엇으로 다시 짜게 하겠느냐. 아무 쓸데가 없어 길에 내버려진 바 되지 않느냐"는 말씀입니다. 누가복음도 같은 말입니다.

그런데 여러분이 또 하나 알아야 할 것은 마가복음 9장 50절의 말씀입니다. 바로 앞의 49절에 보면 "누구나 다 불소금에 절여질 것이다"는 말씀이 있습니다. 그런데 성경을, 요새 것도 보고, 옛날 것도 보면 이 말씀이 이렇게도 번역되고, 저렇게도 번역이 돼서 통일되어 있지 않습니다. 어떤 성경에는 "불로 소금 친 것이다"라고 번역되어 있고, "불 소금에 절여질 것이다"라고 번역된 것도 있고, 고르지 않습니다. 번역한 사람이 잘 모르고 번역한 것입니다. 소금에 관한 문제, 빛에 관한 문제는 다시 한 번 말하겠습니다.

그런데 소금과 불과는 상당한 관계가 있습니다. 여러분이 소금에 대해서 가장 많이 아는 얘기는 구약에 나오는 소위 소돔과 고모라 얘기입니다.

소돔 고모라라고 하는 동네가 있었는데 동네 사람들이 굉장히 나쁜 사람이었다. 그래서 하나님이 불벼락을 내려 주셨다.

불벼락이 내려서 몽땅 타버렸고 구멍이 뻥 뚫렸는데 그 속이 소금으로 꽉 들어찼다. 이때 아브라함의 조카 롯이라는 사람이 소돔 고모라에서 살았다. 모두 멸망하고 롯의 가족만 구해 주었는데 뒤돌아보지 말라고 하는 것을 롯의 아내가 너무 재산이 아까워서 돌아보다가 소금 기둥이 되었다는 얘기입니다.

이런 얘기가 나오게 된 것은 팔레스타인에 사해死海라고 하는 바다가 있기 때문입니다. 너무 짜서 아무것도 살 수가 없을 만큼 소금이 많은 곳입니다. 너무 오랫동안 햇빛이 비쳐 물이 증발해서 지금은 물은 조금이고 소금이 많아져서 생물이 없어졌다 해서 사해라 하는 것입니다. 소돔 고모라 얘기도 거기서 온 것입니다.

하늘에서 햇빛이 비쳐서 물을 증발시켜 소금바다가 된 것인데 하늘에서 불벼락이 내려서 다 없어진 것이라고 합니다. 소돔 고모라는 결국 음란의 도시였기에 멸망했다는 것입니다. 탐욕의 도시는 멸망한다는 것입니다. 사해는 지중해보다 150피트가 낮습니다. 그래서 요단강 물이 아무리 들어가도 보충을 못하는 것입니다. 불로 소금을 친다는 것이 아니라, 불이 자꾸 내리면 물이 증발해서 소금이 된다는 것입니다. 이와 같이 무엇보다 가장 중요한 것은 제자가 되기 위해서는 속에서 물 기운이 모두 빠져서 소금이 되어야 한다는 것입니다. 이것이 예수님의 말씀입니다. 우리는 소금에 대해서는 생각을 하지 않고, 번역한 사람도 그것을 잘 몰라서 불소금에 절인다거나 불로 소금을 친다거나 등 여러 가지로 얘기를 합니다. 그러나 알고 보면 햇빛이 자꾸 내리면 소금이 된다는 말입니다.

동양식으로 말하면 "내 속에서 욕심을 자꾸 떼버리면 — 정욕·탐욕·치정 — 내가 소금 같은 존재가 된다는 말입니다. 소금 같은 존재란 썩지 않는 존재다. 제일 중요한 것은 썩지 않아야 한다는 것입니다. 생선 썩은 것은 내버리면 되지만 사람이 썩는 것은 문제입니다. 한문으로 쓰면 '부정부패'란 말이 되는데 흔히 정권이 부정부패했다든가, 썩었다든가 하는 말을 자꾸 합니다. 그러나 정권은 자꾸 바꾸면 됩니다만 사람이 썩은 사람을 만났다면 그것은 야단입니다. 누구와 결혼해서 일생을 살아야 하는데 그 사람이 썩었다는 것은 문제입니다. 문둥병이란 자꾸 썩는 병입니다. 사람으로 태어나서 썩은 사람, 소위 부정부패하는 사람은 문제입니다. 그것을 보통 죄인이라고 말합니다. 죄인이란 자꾸 썩는 사람입니다. 백성들에게 돈을 받아먹는 사람은 썩은 사람, 그것이 바로 부정부패라는 것입니다. 돈을 받으면 그 며칠 동안은 밥은 먹고 살지 모르지만 그 사람 전체가 썩고 맙니다. 그래서 물컹물컹해지고 맙니다. 그래서 도저히 소망이 없는 사람이 되고 맙니다.

예수를 믿는다는 것은 온 세상 사람이 다 썩어도 나는 썩지 않겠다는 것입니다. 예수를 믿기 때문입니다. 온 세상 사람이

다 받아먹어도 난 안 받아먹는다. 왜? 예수를 믿기 때문입니다. 바울 선생은 그렇게 열심히 전도하고 다녔어도 돈은 한 번도 받지 않았습니다. 왜? 예수를 믿기 때문입니다. 사람은 받아먹으면 자꾸 썩지만, 왜 썩는지 모릅니다. 세상이 부정부패라 하면 받아먹으면 썩는다. 썩지 않게 하려면 예수를 믿어야지 다르게는 썩지 않을 수가 없다고 생각하는 거죠. 여러분도 썩지 않을 궁리를 해야 합니다. 탐욕과 치정에 빠지지 않을 궁리를 해야 합니다. 하나님의 말씀이 무엇입니까. 다른 말로 하면 햇빛입니다. 하나님의 말씀을 자꾸 믿어서, 다시 말해 햇빛을 자꾸 쬐고, 쬐고 해서 우리 속에서 습기가 자꾸 빠져나가 썩지 않는, 썩을 수 없는, 소금이 되는 그것이 제일 중요한 것입니다. 살았다는 것은 무엇입니까. 썩지 않는 게 산 것입니다. 그러니까 젊었거나 늙었거나 누구든지 우리가 살려면, 한국민족이 살려면, 정부나 개인이나 부정부패가 없어져야 됩니다.

　예수님의 제자란 썩지 않는 사람이 되는 것입니다. 불교식으로 말하면 나무의 물 기운이 자꾸 빠져서 마른 나무가 되는 것입니다. 불교식으로 죄는 젖은 나무입니다. 젖은 나무는 자꾸 썩습니다. 썩지 않는 나무를 마른 나무라고 합니다. 중용中庸이라는 책에 보면 "희로애락미발위지중 喜怒哀樂未發謂之中"이라고 나와 있습니다. 희로애락이 나오지 않게 되는 것을 '중中'라고 합니다. 예수님의 말씀으로 말하면, 말씀으로 태양빛을 받아서 소금이 되는 것입니다. '중'이란 다시는 썩지 않는 사람을 말합니다. 처음 요임금·순임금에게 전해 준 것은 '중'입니다. 순임금이 우임금에게 전해 준 것이 '중'입니다. 그래서 '중'을 전해 주고, '중'을 전해 주고 해서 생긴 나라가 '중국'입니다. 그래서 중국 사람들은 중을 굉장히 중요하게 생각합니다. 가운데 중이란 썩지 않는 사람, 더 쉽게 말하면 감정의 세계를 넘어선 사람입니다.

이것을 스토아 철학에서는 아파테이아(apatheia)라고 합니다. 또 다르게 말하면 이성적인 인간, 합리적인 인간입니다. 우리가 자꾸 하나님의 말씀을 듣고 또 들어, 생각을 하는 동안에 나 자신이 합리화가 되는 것입니다. 그래서 희로애락에 대해서 미발하게 됩니다. 감정에 끌린다거나, 욕심에 끌린다거나 하지 않고 이성과 하나가 됩니다. 더욱 쉽게 말하면 순수이성이 됩니다. 순수이성이 되면 다시는 썩을 수 없게 됩니다. 이를 예수님은 소금 같은 사람이라고 하셨습니다. "너희는 소금이다. 너희는 썩을 수 없는 사람이다." 우리도 예수를 믿으려면 나 자신을 합리화해야 합니다. 나 자신을 이성화해야 합니다. 내가 감정을 넘어서서 순수이성이 되어야 합니다. 화내지 말고 남을 자꾸 이해해야 한다는 말도 바로 이것입니다. '화내지 말고'라는 말은 '희로애락미발' 그 말입니다. 그래서 남을 이해해 주는 사람이 되자는 것이 바로 이성적인 존재가 되는 것입니다.

그다음에는 발이개중절위지화發而皆中節謂之和라고 나와 있습니다. 중中은 썩을 수 없는 존재이고, 화和는 남에게 맛을 돋우는 존재입니다. 중화中和가 이루어져야 하늘과 땅이 자리가 잡히고, 만물이 발육합니다. 맨 처음에 제일 중요한 것은 순수이성이 되는 것, 합리적인 존재가 되는 것, 그다음 합리적인 존재가 되면 다른 사람에게 맛을 돋우어 주어야 합니다. 소금은 썩지 않는 것이 첫 번째이고, 두 번째 중요한 것은 맛을 돋우어 주는 것입니다.

칸트 식으로 말하면 순수이성이 되어야 하고, 실천이성이 되어야 한다는 말입니다. 실천이성이란 맛을 돋우어 주어야 한다는 말입니다. 말을 할 때 제일 중요한 것은 확실히 알아듣게 하는 것입니다. 다시 말해서 합리적으로 해야 한다는 말입니다.

다음으로 중요한 것은 말을 재미있게 하는 것입니다. 예수의 제자가 되려면 썩지 않도록 하는 것이 우선이지만 다른 사람을 즐겁게 할 수 있는, 다른 사람에게 기쁨을 줄 수 있는, 그런 존재가 되어야 하는 것도 중요합니다. 인생을 올바르게 만든다는 것도 중요하지만 재미있게 하는 것도 못지 않게 중요합니다. 인생을 올바르게 하는 사람은 재미가 없고, 재미있게 하는 사람은 올바른 사람이 없습니다. 도덕적인 사람에게는 향락적인 것이 부족하고, 향락적인 사람에게는 도덕적인 것이 부족합니다. 그런데 이 두 가지가 다 있어야 합니다. 역시 세상을 재미있게 만드는 힘도 있고, 동시에 세상을 올바르게 만드는 힘도 있고, 예수님이 좋은 이유는 그렇기 때문이지 않겠습니까. 예수님은 어디까지나 올바르게 가면서도 어디까지나 재미있게 갑니다. 그런데 이 세상은 그게 잘 안 됩니다.

그것을 어떻게 조화시키느냐. 소크라테스의 말로 하면 덕복일치德福一致란 말이 됩니다. 도덕적인 것과 행복한 것이 일치해야 합니다. 칸트는 『실천이성비판』에서 도덕적인 것과 행복한 것이 일치하려면 신앙이 아니고는 안 된다고 했습니다. 신앙의 세계가 좋다는 것은 한없이 올바르면서도 한없이 기쁘다는 말입니다. 그래서 칸트는 신앙 아니면 이들은 일치할 수가 없다고 했습니다. 이것을 우리가 알아야 합니다. 하루하루를 올바르게, 하루하루를 재미있게, 이 두 가지를 합치지 못하면 신앙이 잘못된 것입니다. 이 두 가지가 제대로 통일된 세계가 중용입니다. 중용지도中庸之道란 양극이 조화된 것입니다. 조화가 되어야 중용이지, 조화가 되지 않으면 중용이 안 됩니다. 그것을 조화시키려면 그보다 높은 세계에 올라서야 되지, 그렇지 않으면 안 됩니다. 그러니까 소크라테스에게 지덕일치, 덕복일치가 언제나 따르는 것은 소크라테스란 사람의 인격이 높기 때문입니다. 높은 인격을 가진 사람은 신앙에 선 사람입니다. 소크라테스는 아주 믿음이 돈독한 사람이었습니다. 칸트도 역시 아주 믿음이 돈독한 사람이었습니다. 우리 예수님은 말할 필요가 없습니다. 높은 세계에 올라서야 둘이 일치가 되는 것입니다.

우리에게 제일 중요한 것은 썩지 않는 사람, 이 세상을 기쁘게 만드는 사람입니다. 교회가 있는 곳, 그 사회는 언제나 즐겁고 동시에 올바른 사회가 됩니다. 그런데 우리 교회는 즐거운 것이 부족하고 근엄한 것만 있습니다. 우리도 즐거운 프로그램이 있어야겠습니다. 예수를 믿는다는 것은 썩을 수 없는 사람이 되고, 모든 사람을 즐겁게 하는 사람이 되는 것입니다. 칸트는 이것을 최고선最高善이라고 했습니다. 가장 좋은 것이라는 말입니다. 의義와 인仁, 정의와 사랑, 이것이 하나가 된 존재가 믿는 사람, 예수님의 제자 아니겠습니까. 모순의 자기 통일을 이룬 사람이라야 예수의 제자라고 할 수 있을 것입니다.

믿음의 힘

1983년 1월 30일

누가복음 17:1~19

너희에게 겨자씨 한 알만한 믿음이라도 있다면 이 뽕나무더러 뿌리째 뽑혀서 바다에 그대로 심어져라 하더라도 그대로 될 것이다.

　누가복음 9장 51절부터 18장 14절까지는 예수님의 평야 설교로서, 그 내용은 예수님께서 제자들과 같이 헬몬 산에 올라갔다가 내려오기부터 예루살렘에 올라오기까지, 이 동네 저 동네 들러서 얘기하신 것을 적은 말씀입니다.
　이 평야 설교는 예수님이 제자들과 마지막 여행하는 길에서 하셨으므로 선생님과 제자와의 관계를 많이 말씀하셨습니다.

더구나 누가복음 14장 26절에 보면 "너희가 내 제자가 되려면 부모와 처자와 형제와 자매와 너 자신을 버리고 나를 따르라." 또 "내 십자가를 지고 나를 따르라"는 제자가 되는 두 가지 조건이 나와 있습니다.

　16장 16, 17절에서는 요한의 때까지가 율법의 때이고, 그 후는 하늘나라를 전하는 복음의 때이다. 지금 사람들은 열심히 하늘나라에 들어가려고 마구 싸우고 있다. 그다음에는 율법의 일점일획도 없어져서는 안 된다고 하십니다.

　오늘 17장의 말씀은 주로 복음에 관한 말씀입니다. 율법과 복음은 서로 적대되는 개념이 아니라 보완하는 개념입니다. 보완보다도 율법이 없이는 복음이 없습니다. 즉 복음은 율법을 완성시키는 것입니다.

　오늘의 설교 제목을 〈믿음의 힘〉이라고 했는데 제자들이 예수님께 믿음을 달라고 하는 말씀이 나옵니다.

　성경의 역사를 놓고 보면 제일 처음은 믿음입니다. 그 믿음을 대표하는 사람이 아브라함입니다. 그다음으로 율법을 대표하는 사람이 모세입니다. 그다음으로 복음을 대표하는 사람이 예수입니다.

　아브라함이라는 할아버지, 모세라는 아버지, 예수라는 손자, 이런 식으로 이어지는 것이므로 부자 상극이 돼서 모세와 예수는 정반대가 된다고는 할 수 없습니다. 모세와 예수는 모두 아브라함의 자손입니다. 아브라함 밑에 모세와 예수가 다 포함되는 것입니다. 더 쉽게 말하면 모세와 예수를 합친 것이 아브라함이고, 율법과 복음을 합친 것이 신앙입니다. 따라서 신앙이란 얼마나 중요한 것인가를 알 수 있습니다.

　제자가 예수님께 믿음을 더하여 달라고 했을 때, 예수께서 웃으시면서 말씀하시길 "믿음이란 그렇게 달라고 하거나 줄 수 있는 것이 아니다"라고 하셨습니다. 난 여러분께 존재存在와 소유所有란 말을 자주 씁니다. 기독교 실존주의 철학자 마르셀(Gabriel Marcel)의 『존재와 소유』란 책에는 "믿음이란 존재에 해당하는 것이지, 소유에 해당되는 것은 아니다"라는 말이 있습니다. 즉 믿음이란 누구나 다 가지고 있는 것이지, 처음에는 없었던 것을 뭘 받아가지고 생기는 마치 물건을 사듯이 그렇게 되는 것이 아니라는 것입니다.

　우리 삶의 밑바닥에 깔려 있는 것이 믿음입니다. 그런데 그 깔려 있는 것이 다른 조건에 의해서 가리어지고 덮여져서 보지 못한다거나 가지지 못한 것처럼 느껴지는 것이지, 믿음이 없는 사람은 아무도 없습니다. 우리가 믿음이라고 하는 것은 그것을 우리가 발견하는 것이고, 내 속에 있는 것을 끄집어내는 것이지, 누구한테 받는 것이 아닙니다.

　그래서 믿음의 내용을 간단히 율법과 복음이 합친 것이라고 했는데, 제일 유명한 말은 히브리서 11장 1절로서 "믿음은 바라는 것의 실상이요, 보지 못하는 것의 증거다"라고 되어 있습니다. 쉽게 말하면 "믿음이란 바라는 것을 실현해 가는 것이고, 보지 못하는 것을 꿰뚫어 보는 것이다"라는 말입니다.

믿음이란 다른 말로 하면, 보이지 않는 것을 꿰뚫어 보는 것이고, 또 우리가 이것은 꼭 실현해 보겠다고 생각하는 것을 실현하는 것입니다.

예전에 법법이란 사물의 본질을 파악하는 것이라고 했는데, 믿음의 마지막 것, 보이지 않는 것을 보는 것, 그것이 法法입니다. 법이나, 보이지 않는 것을 본다는 것은 지저知的인 직관直觀을 말하는 것으로, 율법이 우리에게 해 주는 것이 바로 이것입니다. 복음이란 무엇인가. 우리가 지금 꼭 해야 될 것을 해내는 것입니다.

우리가 바라는 것이 이상이라면 그 이상을 실현해가는 것입니다. 그것이 복음입니다. 복음이란 행행의 실현, 실천입니다. 즉 믿음이란 지행일치知行一致입니다. 믿을 신信 자를 보면 사람 인人 변에 말씀 언言으로 되어 있습니다. 말씀이란 지지의 세계이고, 사람이란 행행의 세계입니다. 지지와 행행이 일치된 세계, 그것이 믿음의 세계입니다.

우리가 어떤 사람을 믿을 수 있다, 믿을 수 없다고 하는 것은 그 사람이 말한 대로 하느냐, 안 하느냐에 달려 있습니다. 말한 대로 하는 사람은 믿을 수 있는 사람이고, 말한 대로 하지 않는 사람은 믿을 수 없는 사람입니다. 지행일치知行一致의 세계, 믿음은 바라는 것의 실현이요, 보지 못하는 것을 꿰뚫어 보는 것입니다.

자연과학이라면 사물의 본질을 정확하게 파악하고, 자연과학의 법칙, 원리를 정확히 파악한 다음 그것을 응용해서 모든 도구를 만들어 그것을 실현해서 문명을 이루어가는 것입니다.

법法이란 보는 세계요, 복음은 듣는 세계입니다. 복福스러운 소리를 듣는 것입니다. 가장 복스러운 소리는 하나님의 말씀인데 그 하나님의 소리를 듣는 것입니다. 복음은 바로 그것입니다. 그런데 왜 하나님의 소리를 들어야 합니까. 우리가 할 일을 해야 되겠기 때문입니다. 하나님께서 우리에게 무엇을 하라고 명령하면 그 명령을 듣지 않을 수가 없습니다. 그래서 하나님의 소리를 듣는 것입니다. 요즘 식으로 말하면 '존재의 소리'를 듣는 것입니다. 하이데거는 그것을 "존재의 소리를 듣는다"라고 표현했습니다.

존재의 소리를 듣는다고 하는 것은 사람이 말하듯이 그렇게 듣는 것이 아닙니다. 우리 마음속에서, 우리 몸속에서, 깊은 생각을 통해서 그 속에서 하나님의 소리를 듣는 것입니다. 모든 예언자들이 이렇게 듣는 것이고, 예수님도 하나님의 소리를 직접 듣는 것입니다. 들어서 그 말씀을 전하기도 하고, 또 말씀으로 살기도 하고, 실천하기도 합니다.

공자도 50에 보고, 60이 되어서야 들었다고 했습니다. 보는 세계보다 듣는 세계가 한 단계 높습니다. 듣는 세계가 최후의 세계입니다. 공자도 마지막에 가서 듣는 세계를 경험했습니다. 따라서 복음의 세계가 최고의 세계입니다.

괴테는 "아무리 세계에 종교와 사상이 발달해도 이 복음의 세계를 넘어설 수가 없다"고 했습니다. 왜 그런가 하면 복음의 세계가 최고의 세계이기 때문입니다.

내가 여러 번 말했지만, 예레미야 31장 31절에 보면, "앞으로 이 세상의 모든 사람들은 하나님의 소리를 직접 듣게 될 것이다. 그때는 누가 나와서 설교할 필요가 없다. 왜냐면 직접 듣게 될 것이기 때문이다"라고 나와 있습니다. 이것이 이스라엘 사람들의 이상입니다. 그래서 그 소리가 직접 들리는 그때를 요한계시록 21장은 "새 하늘과 새 땅"이라고 말하고 있습니다. 이 세상 모든 사람들은 하나님의 백성이고, 또 하나님은 모든 사람들의 아버지가 되고, 그래서 아버지의 말씀을 직접 듣는 아들들이 되는 것이 우리 크리스천의 꿈입니다.

따라서 복음이란 우리의 이상理想이며 동시에 현실現實입니다. 이 현실 없이는 복음이라고 할 수가 없습니다.

법法의 깊이는 진리요, 복음의 높이는 진실이라고 할 수 있습니다. "진실로, 진실로 너희에게 이르노니." 그 '진실로, 진실로 이르노니' 하는 말씀을 들어가면서 우리가 그대로 살아가는 것입니다. 살아가는 게 없으면 복음이라는 것도 없습니다.

이 믿음이란 우리에게 있어서 얼마나 중요한 것인지 모릅니다. 우리가 아는 것, 그대로 사는 것, 아는 것 없이 그저 산다는 것은 있을 수 없습니다. 그러므로 법法이란 굉장히 중요합니다.

누가복음 17장 처음에 보면 "너희가 다른 사람들을 가르치되 잘못 가르쳐서 그 사람들이 잘못 되면 얼마나 기가 막힌 일이겠는가. 차라리 그렇게 가르치려면 아이 목에다 돌멩이를 매고 물속에 집어넣어 죽여 버려라"는 말이 있습니다. 이 얼마나 지독한 얘기입니까.

이처럼 가르친다는 것만큼 어려운 것도 없습니다. 왜냐하면 잘못 가르치면 많은 사람들이 다 잘못 되기 때문입니다. 그러니까 교회가 자꾸 세워지는 것도 큰 문제입니다. 바로 가르치면 문제가 되지 않지만 잘못 가르쳐 놓으면 많은 사람들이 다 잘못 가기 때문입니다.

고려 때 개성의 절간이 8만 9천개의 암자가 되어 개성이 망했다고 하지 않았습니까. 잘못 가르쳐 놓으면 가르치지 않은 것만도 못합니다. 그러니까 선생님의 책임은 보통 무거운 것이 아닙니다.

예수님께서 "너희들이 선생이 되려면 십자가를 지고 나를 따르라"고 하셨습니다. 그 십자가란 말이 얼마나 책임을 강조했는가를 나타냅니다. 정말 진실을 알고서 가르쳐야지, 모르고 가르친다고 하는 것은 도저히 있을 수 없습니다.

정말 진리를 안다고 하는 것, 여러분 지금 배우려고 교회 와서 애쓰는데, 안다고 하는 것처럼 중요한 것은 없습니다. 만일 우리가 모른다면 사람이라고 할 수가 없습니다. 사람의 특징이란 아는 것입니다. 아는 것 외에 또 사람의 특징이 있다면, 그 아는 것을 가지고서 사는 겁니다. 거기에 자유란 것이 있습니다. 진리가 우리를 자유롭게 하는 것이지, 진리 없이 자유를 가질 수는 없습니다.

여러분께서 과학을 공부할 때는 열심히 공부합니다. 요즘 우리 학교의 학생들은 아침 일찍부터 와서 공부하는데 저녁 10시가 되어야 돌아갑니다. 무엇을 그렇게 열심히 하느냐고 물으면 대단치도 않은 것을 한다고 하면서 그렇게 야단들입니다. 과학도 그렇게 해야 되는데. 난 늘 말합니다. 과학이란 것은 3년만 하면 어느 정도 알 수 있다고 합니다. 철학이란 것은 6년을 하지 않으면 잘 모릅니다. 그러나 종교란 것은 12년을 하지 않으면 모릅니다. 종교가 철학보다 훨씬 더 알기 어려운 것이라고 생각합니다. 또 철학이 과학보다 훨씬 더 알기 어려운 것입니다.

종교의 세계란 한없이 높고, 한없이 깊습니다. 처음에는 종교를 가지지 않았어도 조금씩 접하고 차차 깊이 들어가야 합니다. 깊이 들어가서 정말 이 성경 속에, 이 성경이 내게 뭘 말해 주는지, 그것을 우리가 알아야 됩니다. 그 성경 속은 인생이 살 수 있는 모든 원리를 우리에게 가르치고 있습니다. 그 원리를 우리가 알아야 됩니다. 알아야 된다는 것보다는 조금 더 깊이 우리가 깨달아야 됩니다. 깨닫지 않으면 인생 산다는 게 허무합니다. 나는 "믿음이 뭐냐"고 물어 올 때 그에 대한 대답으로 "너희에게 겨자씨만한 믿음이 있어도 굉장히 너희들을 크게 할 것이라"는 예수님의 말씀을 들려줍니다.

우리 동양 옛날 어른들의 얘기가 있습니다. 어떤 학생이 선생님에게 "진리가 뭡니까" 하고 물었습니다. 그때가 오후 늦은 겨울인데, 선생님의 옆에 있는 화로를 가리키면서 "진리가 무언지 저기에 있으니 가서 보라"고 했습니다. 그 학생은 진리가 화로 속에 있을까 하면서 찾아보았습니다. 찾아보니 아무것도 없었습니다. 그러니까 학생이 "아무것도 없습니다." "그래? 그럼, 내가 좀 찾아봐야지" 하면서 선생님은 불이 거의 다 꺼져가는 화로 속까지 뒤지다가 아주 작은 불씨를 하나 발견해내고, 그것을 부젓가락으로 집어서, 제자더러 내가 이제 너에게 진리를 보여 줄 테니 눈을 감으라고 했습니다. 제자가 눈을 감자 손바닥을 내놓으라고 했더니 제자는 손바닥을 내놓았습니다. 선생님은 그 불씨를 손바닥에 갖다 놓았다고 합니다. 그 얼마나 뜨거웠겠습니까. 소리를 지르면서 떨어뜨렸겠지요. 진리란 것은 그런 것입니다.

진리는 눈을 감고 봐야 됩니다. 진리는 보이지 않는 것을 본다고 하는 것이며, 진리는 내 몸 전체로 체득해야 되는 것입니다.

체득이란 내 몸 전체가 깜짝 놀란다는 것입니다. 신앙도 마찬가지입니다. 신앙이 겨자씨만 해도 그것이 우주 전체를 놀라게 할 수 있고, 뒤덮을 수 있는 놀라운 힘을 가지고 있습니다.

신앙信仰이란 근본적인 것이란 말을 많이 했는데, 우리 동양식으론 이렇게 표시합니다. "보이지 않는 것의 증거요", 그런 시대는 '물'로 비교합니다. 그래서 우리의 마음과 정신을 합친 것이 신앙입니다. 즉 신信은 마음이요 정신입니다. 이 마음이란 것을 동양 사람은 언제나 물에 비교합니다. 물이란 원래 깨끗한 것입니다. 물이 오염이 되어서 더러워 보이지만 사실 그 근본은 깨끗한 것입니다. 우리의 마음은, 기독교식으로 말해서 죄를 지어서 더러워진 것이지 본래는 깨끗한 것입니다. 또 우리가 회개하면 또다시 깨끗한 것으로 돌아갑니다. 물은 가만히 놔두면 저절로 깨끗해집니다.

기도라고 하는 게 그것입니다. 마음을 깨끗이 해 줍니다. 우리의 마음이 깨끗해지면 거기에 하나님의 모습이 비치게 됩니다. 그래서 "마음이 깨끗한 자는 복이 있나니 저가 하나님을 볼 것이요"라는 말이 나옵니다. 우리가 보이지 않는 것을 꿰뚫어 본다는 말은 결국 하나님을 보는 것입니다. 하나님을 무엇으로 봅니까. 우리의 근본 마음을 가지고 봅니다. 근본 마음이 없는 사람은 아무도 없습니다. 모두 다 근본 마음을 갖고 있습니다. 깨끗한 마음을 갖고 있는데 잘못해서 오염이 된 것입니다. 이 더러워진 물을 언제나 우리는 십자가의 공로로 깨끗해짐을 받을 수 있습니다. 예수님의 십자가 옆에 달렸던 강도도 회개하는 그 순간에 마음이 깨끗해졌습니다.

따라서 우리가 이 마음을 깨끗해지고자 하면 언제나 깨끗해질 수 있습니다. 왜? 그것은 본래적인 것이기 때문입니다. 본래적인 것은 언제나 본래적인 것으로 돌아가는 것입니다. 그렇게 해서 우리의 마음이 깨끗해질 때에 우리가 보이지 않는 세계를 꿰뚫어 볼 수 있는, 하나님을 본다고 하는 세계에까지 가는 것입니다.

또 하나의 '정신'이란 것을 동양 사람은 언제나 '불'로 비교합니다. 우리는 성령의 역사를 물과 불로 비교합니다. 이 우주만물이 본래는 무엇인가. '불' 입니다. 태양에서 왔기 때문에 그렇습니다. 태양에서 오지 않은 것이 하나도 없습니다. 여기 이 나무도 언젠가 불로 돌아가려고 하는 작용을 갖고 있습니다. 그렇기 때문에 조금의 불씨가 닿기만 해도 세계 전체가 불바다가 되는 것입니다. 겨자씨만한 불씨가 있어서, 그 불씨가 모든 종이자루를 태우고, 나무를 태우고, 구공탄도 태우고, 일체를 태울 수 있는 것입니다. 겨자씨만한 믿음이 온 세계를 뒤덮을 수 있는, 그런 위대한 힘을 가지게 됩니다.

그럼 언제 그렇게 되는가 하면 나무가 불이 될 때입니다. 불이 되지 않으면 안 됩니다. 이 정신이란 바로 나무가 불이 되는 것입니다. 육체라는 나무에 불이 붙는 것이 정신입니다. 이 불이 안 붙으면 우리는 살맛을 느낄 수가 없습니다. 정신이라는 것은 불이 붙어서 일체를 불바다로 만들고 싶어 하는 내용을 갖고 있습니다. 이것이 바라는 것을 실현하려고 하는 정신의 성격입니다. 즉 마음은 하나님을 보게 하는 것이고, 정신은 하나님의 나라를 이룩하게 하는 원동력입니다. 그것은 성경에서는 정신이란 말을 쓰지 않고 의義라는 말을 썼습니다. "의를 위하여 핍박을 받는 자는 복이 있나니 천국이 저희의 것이라." 하나님을 보는 것과, 정신이 깨서 하나님의 나라를 실현하는 것, 크게 두 가지로 볼 수 있습니다.

복음의 내용이 무엇입니까. 율법의 내용은 바로 십계명인데, 이 율법의 내용을 그대로 한 차원 높인 것이 주기도문입니다. 하나님의 이름을 망령되이 부르지 말라 할 때 하나님의 이름을 거룩하게 하옵시며, 내 앞에 다른 신을 섬기지 말라 할 때 나라에 임하옵시며, 우상을 섬기지 말라 할 때 뜻이 하늘에서 이루어진 것처럼 땅에서도 이루어질 것이며, 도둑질하지 말라고 할 때 일용할 양식을 주실 것이고, 간음하지 말라고 할 때 시험이 들지 않게 하시며, 살인하지 말라 할 때 악에 빠지지 않게 하시

믿음의 힘　221

고, 사기하지 말라고 할 때 서로 남의 죄를 용서해주고……. 그대로 예수님께서 십계명을 다시 재조정해서 우리에게 주기도문이라는 형식으로 보여주셨습니다.

주기도문이란 결국 우리의 정신이 하늘나라를 이루어가는 과정입니다. 하늘의 뜻을 땅에 이루고, 하나님의 나라를 임하게 하고 그래서 종말엔 하나님의 영광을 드러내는 것, 이것이 복음의 세계입니다. 즉 이것은 우리의 생의 세계입니다. 지知가 없으면 행行이란 것이 나올 수가 없습니다. 이것이 우리의 본래적인 영광입니다. 당연한 것입니다. 후에 예수님께서는 "종이 낮에는 나가서 일하고, 돌아와서 저녁 짓고, 또 주인을 섬기고 하는 것이 당연한 것처럼 우리가 불이 돼서 온 세계를 빛이 되게 만드는 것은 당연한 것이다"라는 좋은 예를 들어 주셨습니다. 그런 빛의 세계를 만들기 위해서 문둥병 환자를 낫게 해 주었다는 얘기가 곁들여져 있습니다.

복음의 세계란 것은 우리가 진리를 깨달아서 그 진리를 실험해가는 것이며 그것이 복음의 삶입니다. 그 삶을 살 때 우리에게 들려오는 말이 있습니다. 그것이 바로 우리가 존재의 소리라고 하는 것입니다. 그것이 복음입니다.

우리는 깊은 마음속에서, 깊은 생각 속에서, 깊이 하나님의 말씀을 생각하는 속에서 고요하게 가는 소리를 들을 수 있습니다. 이것이 우리에게 아름다운 복음이라는 말이 되는 것입니다.

믿음이란 무엇입니까. 보이지 않는 것을 꿰뚫어 보는 것입니다. 그것이 율법이고, 하나님의 나라를 실현해가는 것이 복음이며, 그 둘을 합해서 신앙이라고 하는, 인생에서 가장 중요한 차원을 우리가 이룩해 갈 수 있습니다. 여러분도 이 믿음의 세계의 높음을 느껴야 됩니다. 신앙이란 것이 얼마나 높은 세계인가를 느끼고, 이 높은 세계를 한번 살아보는 것이 우리가 이 땅 위에 하늘나라를 실현해가는 것입니다.

학생 · 인생 · 영생

1983년 2월 20일

요한복음 1:1~5

한 처음 천지가 창조되기 전부터 말씀이 계셨다. 말씀은 하나님과 함께 계셨고, 하나님과 똑같은 분이셨다. …… 모든 것은 말씀을 통하여 생겨났고, 그에게서 생명을 얻었으며, 이 생명은 사람들의 빛이었다.

성경 말씀 속에 묵시록 또는 계시록이라는 책이 있습니다. 그 책 21장에 보면 하나님은 알파와 오메가라는 말이 있습니다. 하나님은 처음이요 마지막이라는 뜻입니다.

학생들이 이화대학에 들어와서 맨 처음 가진 예배시간에 내가 한 말을 기억하고 있는지 모르겠습니다. 물론 그것은 해마다, 신입생이 들어올 때마다 하는 말로 대학생활을 충실하게 하기 위해서는 세 가지를 가져야 되는데, 그 첫째는 선생님을 가져야 된다는 것이고, 둘째는 친구를, 셋째는 책을 가져야 된다는 말입니다.

오늘 졸업하는 마지막 예배에 내가 학생들에게 말하고 싶은 말도 꼭 같은 말입니다. 책을 가져야 하고, 친구를 가져야 하고, 선생님을 가져야 한다는 말을 여러분들에게 다시 반복하려고 합니다. 그런데 학생들이 1학년 때 들어왔을 때는 쉽게 말했지만 이제 4년 동안 혹은 6년 동안 공부를 했기 때문에 오늘은 조금 더 어렵게 말하려고 합니다.

오늘 설교 제목을 〈학생과 인생과 영생〉이라고 붙였는데 학생이라는 것은 책을 가져야 된다는 것이고, 인생이란 친구를 가져야 한다는 것이고, 영생이란 선생님을 가져야 한다는 것입니다. 우리 동양의 고전, 논어 1장 1절에 이런 말이 있습니다. 학이시습지 불역열호 學而時習之 不亦說乎. 배우는 것, 그것이 얼마나 즐거운지 모른다. 그것이 학생입니다. 유붕자원방래 불역낙호 有朋自遠方來 不亦樂乎. 친구가 멀리서 찾아오면 그렇게 즐거울 수 없다. 그것이 인생입니다. 인부지이불온 불역군자호 人不知而不온 不亦君子乎. 사람들이 날 몰라줘도 선생님만 날 알아주면 그렇게 행복한 것은 없다. 그것이 영생입니다.

그런데 이 말들과 꼭 같은 말, 조금 더 깊은 말이 요한복음 1장 1절에도 있습니다. 그곳에는 하나님이라는 말, 말씀이라는 말, 만물이라는 말, 그 세 마디가 나옵니다, 태초에 말씀이 있으니, 말씀이 하나님과 같이 있으니, 말씀이 곧 하나님이라. 태초에 말씀이 하나님과 같이 있으니 말씀으로 만물이 지은 바가 되었느니라. 지어진 것이 말씀 없이 된 것은 없느니라. 만물 속에 생명이 있으니 — 새 번역에 이 생명은 말씀에게서부터 왔다는 주석이 조금 달려 있습니다 — 그 생명은 사람들의 빛이라. 빛이 어두움 속에 비치니 어두움이 빛을 이기지 못하느라. 이것이 바로 요한복음 1장 1절에서부터 5절입니다. 그 속에 나온 말이 하나님, 말씀, 만물입니다.

그런데 선생님의 선생님이 누군가 하면 하나님입니다. 또 친구의 친구가 누군가. 그것이 말씀입니다. 말씀이라는 것은 친구를 만나면 제일 말하기가 좋다. 부모님에게 하지 못하는 말도 친구에겐 할 수 있고, 어느 누구에게도 하지 못하는 말도 친구에게는 할 수 있는데 그것은 친구는 나와 마음이 통하는 사람이기 때문입니다. 마음이 통하니까 결국 말이 통하는 것입니다.

친구의 핵심인 말씀이 곧 진리이고, 진리 자체는 누군가. 그것이 그리스도입니다. 그래서 성경에서는 그리스도를 말씀이라고 합니다. 진리 자체이신 그리스도가 우리의 친구가 되신다는 말입니다. 어떻게 그런 말을 할 수 있는가 하면 요한복음 15장 15절에 "내가 이제부터는 너희를 제자라 부르지 않고 친구라 부르겠다"고 하신 예수님의 말씀 덕분입니다.

또 하나님은 선생님의 선생님이라 함은 무슨 뜻인가 하면 이것은 성경 전체에 감추어진 가장 깊은 비밀로 인류의 궁극 이상이 하나님을 선생으로 가지는 것이라는 뜻입니다. 그것이 이사야 54장 13절과 예레미야 31장 31절에 있습니다. 요한계시록 21장 3절에서 5절에는 하나님은 사람들의 선생님이 되고, 사람은 하나님의 제자가 된다고 하였습니다.

구체적으로 말하면 소크라테스는 인류의 선생님이고, 소크라테스의 선생님이 하나님이라는 뜻이지요. 소크라테스는 길을 가다가 한참씩 멈추곤 했습니다. 왜 그렇게 멈추어 서느냐고 친구들이 물으면 하나님의 소리가 들리기 때문에 하나님의 소리를 듣기 위해서 멈추어 선다고 했습니다. 성경에서 보면 모든 선지자들이 하나님의 말씀을 들었습니다.

우리가 이사야서를 보면서도 하나님의 말씀을 들을 수 있는데 그것은 이사야라는 사람이 하나님의 말씀을 들었기 때문입니다. 예수도 말하다가 가끔, "지금 말하는 것은 내가 말하는 것이 아니라 하나님이 말한다"고 했습니다. 공자는 60이 되어서야 자기가 하나님의 말씀을 듣게 되었다고 했습니다. 석가도 내가 45년 동안 한 말은 내가 한 말이 아니라 다 하나님에게서 듣고서 한 말이라고 하였습니다.

인류의 선생님들이 다 자기의 선생님을 누구라고 하는가. 하나님이라 합니다. 하나님은 선생님의 선생님이라고 할 수 있습니다. 아까 말한 예레미야 31장 31절에 보면 앞으로는 모든 사람이 다 하나님의 말씀을 직접 듣게 될 것이라고 했습니다. 고로 하나님의 말씀을 듣는다는 것은 단순한 이상이나 소원이 아니라, 우리의 현실이 될 수 있고 그러므로 학생들도 하나님의 제자가 되어야 합니다. 하나님의 제자가 되어서 하나님의 말씀을 듣는 것을 영생이라고 하는데, 요한복음 12장 50절에 보면, "하나님의 말씀을 듣는 것이 곧 영생이다"라고 말했습니다. 그러니까 하나님을 선생으로 모시는 것, 그것이 영생이며 또 그리스도를 친구로 삼는 사람, 그 사람이 인생입니다. 그리고 거기에 만물이라고 했는데, 우주, 자연, 만물, 이것이 책의 책입니다.

칼라일(T. Carlyle)은 "당신네들은 이제까지는 종이 위에 쓴 글을 읽었지만은 이제부터는 우주에 쓴 글을 읽어야 한다"고 말했습니다. 지금까지 우리가 우주를 관찰하고 실험한 것은 우주가 우리에게 책의 책이 되기 때문입니다. 우리가 하나님을 알고, 그리스도를 알고, 우주를 아는 것, 그것이 바로 학생이요 인생이요 영생이라고 말할 수 있습니다.

우주와 자연을 아는 사람을 지식인知識人이라고 합니다. 그리고 인생과 그리스도를 아는 것을 지성인知性人, 또 하나님을 아는 것을 지행인知行人이라고 합니다.

지식인이란 무엇인가. 전공을 가진 사람입니다. 학생들은 졸업을 하고도 절대 전공을 버리면 안 됩니다. 학교는 졸업해도 학생은 졸업하면 안 됩니다. 왜? 이 전공을 통해서 우리는 이 세상을 바라볼 수 있기 때문입니다. 전공이란 내가 이 세상이나 우주를 바라보는 눈입니다. 만약 학생들이 전공을 포기하면 결국은 학생들의 눈을 빼버리는 것과 마찬가지입니다. 그러니까 마지막까지 전공을 고수하고 전공이라는 입장을 통해서 세상과 인생과 우주를 이해해야 됩니다. 그러므로 전공을 지닌다는 일이야말로 이 세상에서 제일 중요한 일이라고 생각합니다.

지성인이란 교양을 가지는 일입니다. 얼마 전에 우리 학교에서는 교수회의를 내장산에 가서 했는데, 주제가 바로 교양이었습니다. 주제 강연을 맡은 선생님이 '교양이란 무엇인가'에 대해서 세 가지로 얘기했습니다. 그 선생님은 지知를 가지고 자기와 자기 주변을 이해하는 것이 교양의 하나라고 했는데 이것은 우리가 이 세상을 살아갈 때 모든 것을 지적으로 이해한다는 소리입니다. 쉽게 말하면 미신에 빠지지 않는 것입니다.

학생 중에 나에게 와서 묻는 말이 자기가 어떤 사람을 사랑하는데 부모에게 결혼해야겠다고 말했더니 궁합이 맞지 않는다고 결혼을 반대하니 어떻게 하면 좋겠느냐고 물었습니다. 궁합이 안 맞아서 결혼을 못하는 나라는 아마도 우리나라뿐일 것입니다. 궁합은 별것이 아닙니다. 남자가 스물 몇 살에 났다, 여자가 또 스물 몇 살에 났다. 그럴 때 남자의 띠가 무엇인가. 만약에 그 띠가 개였다고 합시다. 여자의 띠가 무엇인가. 만약에 그

띠가 범이었다고 한다면 범이 개를 잡아먹으니까 궁합이 안 맞는다는 것입니다. 남자가 몇 살이고 여자가 몇 살이면 그것으로 족하지 띠가 무슨 필요가 있습니까. 띠까지도 좋습니다. 그런데 왜 개가 되고 범이 됩니까. 스물 몇 살에 난 사람은 모두 개입니까. 스물 몇 살에 난, 온 세계 사람이 다 범입니까. 이렇게 말도 안 되는, 어리석은 소리가 이 세상에 어떻게 있을 수 있습니까. 생각하면 참 한심합니다. 이것은 이 세상과 우주에 대해서 지적 이해가 부족하기 때문입니다.

또 하나 그 선생님이 말한 교양의 조건이 무엇인가 하면 사회와 정의를 위해서 싸워야 하며 올바르게 살려고 애써야 한다는 것입니다. 정직하게 살려고 애쓰고, 언제나 대중을 의식하고 사는 것이 정의의 구현이라는 것이겠지요.

요전에 내 방에 미국에서 왔다는 졸업생이 한 사람 찾아왔습니다. 그런데 얼굴을 어떻게 진하게 칠해 놓았는지 무슨 피카소 그림 같았습니다. 미국에서는 그렇게 화장을 하는지 모르겠지만 한국에 오면 한국 사람을 좀 인식해야지요. 날더러 점심식사를 하러 나가자는데 난 못나가겠다고 했습니다. 창피해서 나갈 수가 있어야지요. 자기 얼굴이니까 자기 마음대로 칠해도 좋지 않으냐고 하겠지만 그렇지 않습니다. 대중을 의식하고 남의 생각도 좀 해 주어야지요. 절대 거짓・협잡・사기를 하지 않고, 언제나 정직하면서도 나라와 민족을 생각하며 살아가는 것이 또 교양의 한 조건이라고 생각합니다.

　교양의 또 한 가지 조건은 인생을 즐겁게 살아가는 것이라고 하였습니다. 인생을 낙관한다는 것입니다. 졸업생들이 결혼식 주례를 부탁해 결혼식 주례를 해 주면 가끔 나더러 이혼식까지 주례해 달라고 하는 졸업생들도 있습니다. 이혼을 해야겠는데 어떻게 하면 좋겠느냐고 물어오면 나는 왜 이혼을 하려고 하느냐고 묻습니다. 남자가 아주 난폭하기 때문이라고 하는 때가 많은데 그럴 때마다 나는 이렇게 말합니다. 사람이 사람 된다는 것은 난폭한 야수들을 길들여서 가축으로 쓰는 것이다. 이리를 잡아다가 개를 만들고, 야생마를 끌어다가 순한 말을 만들고, 또 들소를 잡아다가 소를 만들고, 심지어는 서커스에서는 범이나 사자까지 길들여서 춤추게 하는 것이 사람인데 왜 너는 어찌하여 야수 같은 남자 하나도 길들이지 못하느냐.

　몇 해 전에도 졸업생이 이혼증서를 써 가지고 와서 나더러 하는 말이 지금 막 도장을 찍으려는 찰나라고 해요. 그때도 나는 그 말을 했습니다. 또 다음에 한 번 더 왔습니다. 나에게 세 번, 올 때마다 그런 말을 했더니 종래 그 졸업생은 이혼을 하지 못했습니다. 요전에는 그 사람 둘이 나한테 250만원을 가져와서 내놓으면서 하는 말이 우리가 선생님 때문에 이혼을 하지 않고 잘 살게 되었으니 이 250만 원을 나더러 받으래요. 그래서 내가 이 250만 원을 받아 뭘 하겠느냐고 안 받는다고 해도 놓고 가기에 내가 그랬습니다. 요전 토요일 고아원에 갔었는데 고아들이 너무 불쌍하더라. 그러니 내가 이 250만 원을 그 고아원에 갖다 줄 테니 당신들이 좋은 일을 했다고 생각하라고 하고 돌려보냈습니다.

사람을 길들일 줄 아는 것, 그것을 지혜라고 합니다. 그러니까 난폭한 사람일수록 더 유리한 것입니다. 길만 들이면 소를 타고 가는 것보다 사자를 타고 가면 더 좋지 않습니까. 사람이 지금 원자, 전기, 불 무엇이든지 있는 대로 붙잡아 가지고 타고 다닐 수 있는 이유는 어디에 있습니까. 사람에겐 그럴만한 지혜가 있기 때문입니다. 그러니까 나는 교양을 갖는다는 것을 상당히 중요하다고 생각합니다. 이것을 가지면 인생이라는 것이 더 즐거워집니다. 그런 지혜를 못 가지면 인생이란 비관스럽다고 생각합니다.

지행知行이란 것은 상식입니다. 우리가 하나님을 믿는다는 것은 상식을 갖는다는 소리입니다. 그리스도를 안다는 것은 교양을 가진다는 소리입니다. 또 만물을 안다는 것은 지식을 안다는 소리입니다. 상식을 벗어난다는 것은 기독교에서는 죄라고 하는데 상식을 벗어나지 않는 것이 상당히 중요합니다.

우리는 대개 상식은 초등학교 때 배우고, 교양은 중·고등학교 때 배웁니다. 전공을 배우는 데는 대학교입니다. 그런데 초등학교에서 배운 상식을 가끔 벗어나는 사람들이 있습니다.

어떤 모임에 갔었을 때의 일입니다. 거기에는 한 이화대학교 졸업생이 와 있었는데 나를 빤히 쳐다만 보고 꼼짝도 않고 있었습니다. 선생님을 만나면 인사를 해야 되는 것은 상식에 속한 일이 아닙니까. 그래서 내가 찾아가서 너 나를 모르겠냐고 물었습니다. 그러니까 얼굴이 빨개지면서 철학개론을 배웠다고 말하기에 내가 너한테 인사하는 것을 가르쳐 주지 못해 미안하다고 했습니다. 사람은 상식을 벗어나면 안 됩니다. 교양을 벗어나도 안 됩니다. 전공을 벗어나도 안 됩니다. 이것이 학생과 인생과 영생의 핵심입니다.

그런데 우리가 초등학교를 다니고 중·고등학교를 다니고 대학을 다니면 그것으로 끝인가. 아닙니다. 전공의 뿌리는 깊습니다. 왜냐하면 우주니까. 교양의 뿌리도 깊어요. 그리스도니까. 상식의 뿌리도 깊어요. 하나님이니까.

그래서 공자 같은 사람도 전공에 어느 정도 자신을 가진 것은 나이 30이 되어서라고 합니다. 공자의 나이, 열다섯에 전공을 시작해서 15년 만에 어느 정도 하게 되었습니다. 그것을 소위 30에 입立이라고 합니다. 그런데 이 교양에 대해서 자신을 갖게 된 것이 언젠가. 공자는 50이라고 합니다. 그러니까 교양을 자기 것으로 만드는데 50년이 걸린다는 것입니다. 40에 불혹不惑하고, 50에 지천명知天命입니다. 그렇다면 상식을 완전히 자기 것으로 만드는 데 얼마나 걸리나. 공자는 70년이 걸린다고 했습니다. 60에 이순耳順하고 70에 불유구不踰矩라. 그러니까 인간이 전공과 상식과 교양을 자기 것으로 하는 데는 굉장한 시간이 걸린다고 생각합니다.

성경 말씀 한 구절 더 해석하려고 합니다. 3절에 "만물 속에 생명이 있다"는 만물 속에 생명이란 무엇인가 하면 인물이라는 것입니다. 만물 속에 사람처럼 중요한 것은 없다는 것입니다. 인물 속에 인물이 누군가 하면 내 생각으로는 선생님이라고 생각합니다. 그래서 "그 생명 속에는 빛이 있다." 선생님 속에는 언제나 빛이 있습니다. "빛이 어두운 데 비추되 어두운 것이 빛을 이기지 못하더라." 아까 하나님, 그리스도, 만물을, 만물 대신에 인물, 또 인물이라는 말 대신에 선생님으로 고치려고 합니다.

그래서 오늘 졸업식이라고 할 때, 졸쭈 자가 점하나 찍고, 한 일一 자 긋고, 사람 인人 자 둘 긋고, 열 십十 자 그은 것으로 보이지만, 본래는 나무 목木에다가 과일 두 알 걸어놓은 것입니다. 위에 있는 것은 나뭇가지고, 가운데 것은 나무 줄기고, 아래 있는 것은 나무 뿌리입니다. 그래서 사람 인人 둘 쓴 것은 나무 열매라고 보아야겠습니다.

나무의 뿌리는 누군가. 하나님입니다. 우리 이화대학의 줄기가 누군가. 그리스도입니다. 이화대학의 가지가 누군가. 선생님입니다. 그리고 거기에 대롱대롱 달린 것이 여러분들입니다. 하나님과 그리스도와 선생님, 이 셋을 우리가 삼위일체라고 하는데, 이 셋을 언제나 우리가 붙잡고 있어야 되는 것입니다. 보통 붙잡고 있는 것이 아니라 아주 튼튼하게 언제나 붙잡고 있어야 됩니다. 왜? 그것이 나의 본체이기 때문입니다.

키에르케고르는 『죽음에 이르는 병』이라는 책 첫머리에 "인간이란 무엇인가. 인간은 정신이다. 정신은 무엇인가. 정신은 나다. 나는 무엇인가. 나는 나 자신에 관계하는 관계다. 나 자신은 무엇인가. 나 자신은 하나님과 그리스도와 선생님이다"라고 썼습니다. 소크라테스에게 어떤 사람이 어떻게 하면 행복하게 살 수 있습니까 하고 물을 때마다 "너 자신을 알라"고 대답했습니다. 너 자신이란 바로 하나님과 그리스도와 선생님입니다.

당나라 때 유명한 선생님으로 혜적慧寂이 있었는데, 그의 호가 앙산仰山입니다. 혜적의 제자가 혜연인데 그 사람의 호는 삼성입니다. 한번은 앙산에게 삼성이 찾아왔습니다. 앙산이 "네 이름이 무엇이냐"고 물었더니 "네, 제 이름은 혜적입니다." "아니, 혜적은 내 이름이 아니냐." "네, 그렇다면 제 이름은 혜연입니다." 앙산이 맨 처음에 혜적에게 물을 때 "네 이름이 무엇이냐"라고 한 것은 이름을 물은 것이 아니라 본체를 물은 것입니다. 네 본체가 무엇이냐고 물었을 때 선생님의 이름을 댄 것입니다. 선생님이 학생의 본체이기 때문입니다. 학생의 '진짜 나'는 선생님이라는 것입니다. 그러므로 선생님을 가진다는 것은 자기의 본체를 가진다는 것이지요. 학생들이 죽을 때, "네 선생님은 누군가"고 누가 묻는다면, 곧바로 내 선생님은 아무개입니다라고 대답할 수 있는 사람은 정신입니다. 인간이, 그것이 '나' 입니다. 그것을 모르는 사람은 인간이라 할 수가 없습니다.

학생들에게 지금 당장 제일 중요한 것이 무엇이냐고 하면 결혼하는 것, 취직하는 것이라고 할지 모르지만 예수님은 무엇이라고 말씀하셨는가 하면 마태복음 5장 25절 이하부터 "무엇을 입을까, 무엇을 먹을까 걱정하지 말라"고 하셨습니다. '먹을까'는 무엇인가. 취직하는 것입니다. '무엇을 입을까'는 무엇인가. 결혼하는 것입니다. 그런 것들을 그렇게 중요하게 생각하지 말라. 정말 생각해야 될 것이 무엇인가. "하나님의 나라와 그 의를 구하라." 정말 중요한 것은 자기 자신을 붙잡는 것입니다. 자기 자신은 무엇인가. 하나님, 그리스도, 선생님입니다.

내가 대학을 졸업하고 맨 처음 찾아간 사람은 춘원 이광수였습니다. 그의 「단종애사」, 「원효대사」, 「세종대왕」, 「사랑」과 같은 책들이 나의 어린 마음을 감동시켰기에 그를 찾아갔습니다. 이광수는 나에게 정인보 선생님을 소개해 주었습니다. 정인보 선생님은 3·1절 노래를 지은 사람입니다. 이화대학 교가를 지은 분이며, 과거에 이화대학 선생이셨습니다. 나는 그분한테 가서 많은 것을 배웠습니다. 그런데 정인보 선생님이 감찰위원장이 되면서 소개 시켜준 분이 유영모 선생님입니다.

유영모 선생님은 오산학교의 3대 교장이셨습니다. 정인보 선생님이, "내가 제일 좋아하는 선생님은 조만식 선생인데, 그분은 안 계시니까 대신 추천할 선생님이 유영모 선생님이시다" 하면서 유영모 선생님을 소개해 주셨습니다. 재작년에 유영모 선생님이 세상을 떠나실 때까지 내가 일생 동안 스승으로 모신 분입니다. 나는 그분을 통해서 그리스도를 알게 되고, 그리스도를 통해서 하나님을 알게 되었습니다.

만약 내가 죽을 때, "네 선생이 누구냐" 하면 "유영모!"라고 대답할 것입니다. 나는 어느 누구보다도 내 일생이 가장 행복하다고 자부할 수 있는데 그 이유는 내가 선생님을 가지고 있다는 것 때문입니다. 선생님께서 세상을 떠나신 후 선생님이 또 한 분 생겼습니다. 누군가 하면 난곡 김웅섭 선생님입니다. 나는 그 선생님께 붓글씨를 배우는데, 요즘은 대나무를 친답니다. 이처럼 선생님을 가지고 사는 인생처럼 기쁜 것은 없습니다.

나는 논어 1장 1절, "학이시습지 불역열호아"라는 말에 전적으로 '아멘' 할 수 있습니다. 배우는 삶처럼 좋은 것은 없습니다. 그래서 사람이 학생·인생·영생을 가지고 살면 일생 그렇게 행복할 수가 없습니다. 그 가운데 제일 중요한 것은 무엇인가. 일생을 모실 선생님을 가지고 사는 것이 중요합니다. 그것은 학교 안에서나, 학교 밖에서나 누구든지 좋습니다. 그분을 통해서 우리가 그리스도에게로, 그리스도를 통해서 우리가 하나님에게로, 그렇게 갈 수 있는, 가장 좋은 선생님을 모시고 우리가 일생 살면 학생이 곧 인생이요, 인생이 곧 영생이라고 말할 수 있습니다.

학생들이 4년 전에는 학생이었습니다. 그런데 벌써 이제는 학생들이 선생님이 되었습니다. "태초에 말씀이 있으니, 말씀이 하나님과 같이 있으니, 말씀이 곧 하나님이라." 태초에 학생이 있으니, 학생이 선생님과 같이 있으니 곧 선생님이라. 선생님이 되는 길은 선생님과 같이 있는 길 밖에 없습니다. 학생이 무엇이 되든지 간에 그 되고 싶은 것이 무엇이 있다고 할 때는, 그 되고 싶은 분하고 같이 있으면 그렇게 되고 마는 것입니다.

오늘 여러분은 학생의 마지막을 사는 날인지도 몰라요. 그러나 여러분은 선생님을 통해서 인생이 될 것이고, 선생님을 통해서 영생이 될 수 있을 겁니다.

그런데 우리의 정말 선생님은 그리스도입니다. 왜? 그분이 진리 자체이기 때문입니다. 진리 자체가 나의 본체입니다. 그리스도를 믿는 것은 사실은 나를 믿는 것입니다. 그리스도를 가지는 것은 나를 가지는 것입니다. 열심히 자기의 본체를 찾아야 합니다. 그러면 유한한 인생이 무한한 인생이 되고, 허무한 인생이 충만한 인생이 되는 것입니다.

여러분의 앞날에 참다운 행복이 있으시기를 바랍니다.

믿음의 힘
김흥호 사상 전집 · 기독교 설교집 4

지은이 | 김흥호
발행인 | 최정식
기획 편집 | 임우식 · 이경희

1판 1쇄 발행 | 2009년 12월 4일

발행처 | 사색 출판사
주소 | 서울 중앙우체국 사서함 206호
전화 | 070-8265-9873 팩스 02-6442-9873
홈페이지 | www.hyunjae.org
이메일 | hyunjae2008@hotmail.com
인쇄 | (주)약업신문

Copyright ⓒ김흥호, 2009, *Printed in Korea*
ISBN 978-89-93994-04-9   04080
ISBN 978-89-93994-00-1   (세트)

*이 책은 〈김흥호 사상 전집〉 제4번째로 출판되었습니다.
*저자와의 협의에 따라 인지는 생략합니다.
*잘못된 책은 바꿔드립니다.
*이 도서의 국립중앙도서관 출판시도서목록(CIP)은 e-CIP 홈페이지
http://www.nl.go.kr/cip.php에서 이용할 수 있습니다.(CIP제어번호: CIP2009003592)